교사, 함께 할수록 빛나는

교사, 함께 할수록 빛나는

2020년 1월 20일 초판 1쇄 발행
2021년 6월 10일 초판 3쇄 발행
지은이 김종훈
펴낸이 김선희
편집교정 백승국 김요섭
디자인 정선은
인쇄 한국학술정보(주)
펴낸곳 템북(TEMBOOK)
주소 인천광역시 중구 신도시남로 142번길 6, 402호
전화 032-752-7844
팩스 032-752-7840
이메일 tembook@naver.com
홈페이지 www.tembook.kr
출판등록 2018년 3월 9일 제2018-000006호

ISBN 979-11-89782-02-3(93370)
값 16,000원

교사,
함께 할수록
빛나는

글로 삶을 나누며 성장하는
교사학습공동체 이야기

김종훈

템북

추천사

　　이 책은 교육의 희망을 이야기하는 아름답게 쓰여진 한 편의 시다. 교사란 어떤 사람인가? 나는 어떤 교사인가? 가르친다는 것의 의미는 무엇인가? 교사는 어떻게 성장하는가? 교사는 어떻게 더 교사다워질 수 있는가? 이런 고민 속에 꼬리를 이어가는 성찰적 질문에 대한 고민을 현장의 생생한 사례와 교사 공동체 속의 따뜻한 이야기들을 통해 찾아가는 책이다. 저자는 이런 질문의 답변으로 '글·이·살·다'라는 4가지 암호를 탁월하게 풀어내어 제시한다.

　　이 책 속에는 가슴 깊이 공감할 수 있는 귀한 문장들이 페이지를 넘길 때마다 별처럼 빛난다. "교사의 말에 가르침이란 작은 우주가 담겨 있다.", "교사의 말이 아이들을 살리기도, 반대로 죽일 수도 있기에 가르친다는 것은 이토록 조심스러운 일이다.", "교사의 과거와 아이의 미래가 교실이라는 현재의 공간에서 만난다. 가르침과 배움의 오묘함이다."와 같은 문장들이 빛나고 있다. 또한 이 책은 '교육에 과연 희망이 있는가?'라는 회의에 빠진 선생님들과 독자들에게 소중한 선물 같은 책이 되어 줄 것이다.

이찬승 교육을 바꾸는 사람들 대표

우리 교육은 오랫동안 교사를 국가가 정한 지식을 잘 전달하는 자로 규정하는 대신 교실 안에서 그 누구의 통제와 간섭도 받지 않는 권한을 보장해 주었다. 하지만 이러한 '교사 1인 왕국'으로서의 닫혀진 교실은 교사를 고립시키고 성장을 막는 부메랑이 되어 돌아왔다. 자신의 교육에 대해 성찰하고 이를 동료 교사들과 함께 나누며 성장하는 문화가 형성될 수 없었다.

이 책은 교사들이 안전한 공동체를 형성하고 그 가운데서 자신의 교육활동을 성찰하는 글쓰기와 공유를 통해 교육을 바라보는 지평을 확대하고 성장해가는 이야기를 기록하고 있다. 교사 공동체 가운데서 나누어진 생생한 글을 읽다보면 내 이야기를 하는 것 같아 마치 나도 그 공동체 가운데 있는 듯한 느낌을 준다. 그 어느 때보다 교사들의 학습 혹은 연구 공동체를 강조하지만 실제 교사들은 점점 더 고립화되는 현 상황에서 서로를 살리는 교사 공동체를 만들어가기 위한 핵심이 어디에 있는지를 느끼게 해 준다.

이 책이 교사를 살릴 뿐 아니라 우리 교육의 체질을 바꾸는 역할을 할 수 있으리라 생각하고 적극 추천한다.

정병오 좋은교사운동 대표(전)

이 책을 읽으면서 깜짝 놀랐다. 평소 내가 고민했던 내용이 이 책에 고스란히 담겨 있었기 때문이다. 우리 교육이 지닌 한계 중 하나는 기록의 부재이다. 현장에서 교사들은 다양한 실천을 하지만, 각자의 몸에 경험이 남아 있을 뿐 기록과 정리, 공유가 부족하다. 결국 모두가 제로베이스에서 다시 시작한다. 이 과정이 반복될 때 축적의 역사는 사라지고, 교육의 성장과 진전은 어려워진다. 이 책은 교사들의 실천과 고민을 담백하게 이야기한다. 화려한 이야기들을 담지 않았기 때문에 오히려 실체와 진실에 다가설 수 있다. MSG없는 건강식을 먹는 느낌이 든다. 교사들의 담백한 이야기를 저자 나름의 시선으로 재구성하여, 그 의미를 적확하게 발견하고 해석한다.

이 책은 따뜻하다. 따뜻한 시선으로 교사의 고민과 실천을 포용한다. 저자가 현장교원 출신이기에 가능한 접근이 아닐까 싶다. 교사의 이야기들을 한국 사회는 얼마나 환대했는가? 학교와 교사를 다루는 언론 기사에서 종종 보듯, 교사를 향한 자극과 비난의 시선은 넘치지만, 내밀한 철학적 혹은 전문가적 시선은 부족하다. 교육 현장이 그렇게 휘발되고, 소비된다. 그것은 다시 교원에 대한 부정적 이미지를 형성한다. 안타까운 상황에서 이 책의 가치는 더욱 빛난다.

김성천 한국교원대학교 교수, 교육정책디자인연구소장

추천서문

사막에 물을 대듯이

십수 년 동안 우리는 교사 공동체에서 함께 자랐다. 저자를 처음 만났을 때, 나는 대학원생이었고 그는 대학생이었다. 그가 위스콘신대학교에서 박사 과정을 마치고 돌아온 이후, 우리는 공동체에 관해 이야기를 자주 나누었다. '삶을 말하고 기록하다'를 주제로 일 년 반 동안 교사 연수를 함께 진행하였다. 강연 위주의 연수가 아닌 교사들이 직접 써온 글을 읽으며 서로의 생각을 나누었다. 나는 교사로서, 그는 학자로서 '교사성장공동체'를 이야기하였다.

교사는 아이들과 함께하며 '우리의 이야기를 만들어야 한다'는 그의 말에 나는 크게 공감한다. 이야기를 함께 만들고자 하는 마음으로부터 성장은 시작되고, 공동체 안에서 자신을 비추어볼 때 교사는 비로소 성장을 체감한다. 하지만 교사인 우리는 우리의 이야기를 만들려 하기보다 누군가의 이야기를 듣는 것에 더 익숙하다. 교과서, 교육과정, 공문, 연수물처럼 누군가 만들어 손에 쥐어 준 것들이 교사 주변에 가득하다. 이러한 것들에 길들여질수록 교사는 지식을 가져다 쓰는 소비자이거나 아이들에게 지식을 전달하는 유통업자의 역할만을 담당한다. 이와 달리 '쓰고-읽고-이야기하고-살아가며-우리의 이야기를 만들자'는 저자의 제안 속에서 교사는 생산자다. 기록과 공유를 거듭하면서 교사는 주체적으로 성장하고 공동체를 이룬다. 이 책을 읽고 나서 성장하고픈 교사들이 왜 그토록 공동체를 갈망하며 좋은 공동체를 만들려고 애쓰는지 그 이유를 알게 되었다. 지난 20여 년간 교사로 살아온 나는 교사의 성장과 공동체의 관계를 명확하게 이해하게 되었다.

『교사, 함께 할수록 빛나는』은 성장과 공동체의 의미를 교사의 이야기에서 찾는다. 밖이 아닌 안에서, 누군가가 아닌 나와 너로부터, 어떤 이야기가 아닌 우리 이야기를 가지고 글을 쓰고, 읽고, 이야기하고, 살아가며, 그렇게 우리의 이야기를 만든다. 샘이 솟고 골짜기마다 냇물이 흘러 강을 이루듯 작은 이야기들이 모여 공동체를 이룬다. 그래서 이 책은 저자와 그의 공동체가 쌓은 산물로 끝나지 않는다. 일회성 행사로 그치는 교사 연수, 외부 강사에게만 의존하는 '교사학습공동체', 시간 때우기 식의 '전문적학습공동체' 등을 향해 여러 대안들과 가능성을 말한다. 이러한 것을 업무로 떠안고서 도무지 갈 바를 알지 못하는 이들에게 환한 길을 비춘다. 나 역시 올 한해 백여 곳의 크고 작은 모임에서 강연할 기회가 있었는데, '서로, 작게, 오래'의 원리를 연수에 적용하였더라면 더 많은 성장을 이끌어 낼 수 있었을 것이다.

나는 최근에 저자의 제안을 교육실천아카데미에 적용하고 있다. '쓰고-읽고-이야기하고-살아가며-우리의 이야기를 만들자'라는 흐름을 따라 3주 동안 한 가지 주제를 다룬다. 첫 주는 교사 한 명이 써 온 글을 소리 내어 읽고 나머지 교사들은 듣는다. 읽은 글을 가지고 질문과 대답을 서로 주고받는다. 둘째 주는 읽고 듣는 과정에서 품게 된 생각을 바탕으로 삶을 산다. 살아낸 이야기를 자신의 말과 글로 담아낸다. 셋째 주는 한 자리에 모여 각자가 써온 글을 읽고 들으며 마주하여 이야기를 나눈다. 한 주제가 끝나면 다음 주제로 넘어간다. 3주 동안 같은 과정을 반복한다. 석 달 동안 십여 명의 교사들이 모여 글을 쓰고 읽으며 삶의 이야기를 나누었다. '서로, 작게, 오래'의 원리를 따른 셈이다. 우리는 기록하고 공유하기를 반복하면서 교육에 대한 진지한 통찰을 경험하게 되었다.

이 책을 읽어야 하는 이유는 학식 있는 이론가가 썼기 때문이 아니다. 스스로 발견한 것을 가지고 과연 그러한지 질문을 던지고 교사와 함께 실천하는 사람이 썼기 때문이다. 이 책을 읽어야 하는 이유는 '교사성장공동체'에 관하여 도움이 되는 말을 썼기 때문이 아니다. 지금도 교사 공동체 안에서 삶을 살아내고 있는 사람이 썼기 때문이다. 이 책을 읽어야 하는 이유는 교사의 이야기를 특별하거나 감동적인 시선으로 썼기 때문이 아니다. 오히려 반복되는 일상에서 진정한 힘을 느끼며, 평범한 삶을 묵묵히 사는 교사를 위대한 존재로 보는 사람이 썼기 때문이다. 또 이 책을 읽어야 하는 이유는 '교사성장공동체' 운영을 위한 내용과 방법을 썼기 때문이 아니다. 한번 만나서 전하고 흩어지는 교사 연수로는 제대로 된 배움이 일어나지 않는다는 사실과 공동체에서 '서로, 작게, 오래'라는 배움의 의미를 찾은 사람이 썼기 때문이다. 마지막으로, 이 책을 읽어야 하는 이유는 기록과 공유의 가치에 관하여 썼기 때문만은 아니다. 그 이유는 우리 이야기를 다음 세대로 흘려보내면서 보다 나은 세상을 꿈꾸는 사람이 썼기 때문이다.

이 책은 교사 공동체에 있어서 말과 글과 삶을 의미 있게 다룬다. 개인은 말과 글을 가르치기 위한 도구로 보지만 공동체는 말과 글로 삶을 가꾼다. 그래서 내게 그랬듯이, 교사들과 예비 교사들에게 교사의 성장과 공동체가 무엇이고 무엇이어야 하는지 생각해보는 기회를 마련해 줄 것이다. 모쪼록 글을 읽는 분들이 글쓴이의 마음을 읽고 삶과 말과 글로 실천해보길 바란다. 이 책을 통해 공동체 안에서 교사들이 더불어 연구하고, 실천하며, 살아갈 수 있도록 도움을 준 김종훈 교수에게 진심으로 감사드린다.

류창기 교육실천이음연구소 공동대표

교사,
함께 할수록
빛나는

목차

Prologue 단절된 교사, 연결된 교사	16
1장 이야기를 만드는 교사	27
2장 함께 만들어 가는 이야기	43
3장 다음 세대로 이어 갈 책임	63
4장 글이 살다, 그리 살다	73
5장 온전한 관계 맺기	87
6장 책임을 다하기	109
7장 들여다보기	135
8장 귀 기울이기	159
9장 새로운 세상을 보여주기	183
10장 삶의 희망을 노래하기	203
Epilogue 내러티브에서 다시 삶으로	232
참고문헌	248

Prologue 단절된 교사, 연결된 교사

단절에서 벗어나기

장면 하나. 바쁜 하루를 보내는 교사에게 자신의 가르침을 돌아볼 기회란 쉽게 생기지 않는다. 수업을 하고 아이들의 학교 생활을 돌보며 산적한 업무를 처리하다 보면 하루는 짧기만 하다. 수업 장학 때문에 어쩔 수 없이 해야 하거나 자발적인 의지가 있지 않은 이상, 교사가 자신의 수업을 성찰하기란 여간 어려운 일이 아니다.

장면 둘. 수업 시작을 알리는 종이 울리고, 교실 문이 닫히는 순간, 이후의 시간은 오롯이 교사 개인의 몫이다. 어떤 말과 행동으로 시간을 채워 나갈지는 오직 교사의 손에 달려 있다. 교실에서 일어나는 이런저런 일들에 대해 굳이 먼저 이야기하지 않는다면, 바로 옆 교실이라고 해도 동료 교사는 알지 못할 때가 많다.

함께 할수록 빛나는 일이 있다. 되돌아볼수록 그 의미가 선명해지는 것이 있다. 교사의 삶 그리고 그들의 가르침이 그렇다. 교사가 수업을 가만히 돌아보면 아이의 말과 행동, 가르쳤던 내용, 자신의 모습까지 머릿속에 분명하게 되살아난다. 더 나아가 가까운 교사들과 함께 가르침에 대해 이야기 나눌 때 숨겨져 있던 의미가 비로소 제 모습을 드러내며 반짝거린다. 교사에게 성찰과 공유만큼 가르침의 의미를 빛나고 선명하게 하는 일은 없을 것이다.

그러나 교육 현장은 교사들에게 되돌아보고 함께 할 여유를 쉽게 내주지 않는다. 앞서 소개한 두 장면을 잠시 살펴보자. 서로 다른 듯 보이는 두 이야기는 공통적으로 교사가 경험하는 '단절'의 상황을 잘 보여준다. 자신이 가르쳤음에도 불구하고 수업을 돌아볼 겨를조차 없을 때 교사는 단절을 경험한다. 또 같은 학교에서 근무하는 교사들끼리도 애써 이야기를 꺼내지 않는 한, 수업에 관하여 이야기를 나눌 기회를 좀처럼 만들기 어렵다.

어디 이런 일들 뿐이던가. 과중한 업무 부담, 아이들과의 문제, 학부모들과의 관계에서 비롯된 갈등, 때로는 교사에게 적대적인 사회의 인식 등으로 인해 교사는 적잖은 어려움을 겪고 있다. 정도의 차이가 있을 뿐 교사 대다수가 회의와 절망을 겪고 있는 것이 현실이다.

그야말로 '교사 수난 시대'가 아닌가 싶다.

상황이 이렇다 보니 생각 외로 많은 교사들이 자신에게 문제가 있는 것이 아닌지 자책하는 일도 흔하게 일어난다. 어떤 교사는 가르치는 일에 대한 부담으로 아이들 앞에 서는 것조차 두려워하기도 하고 더 이상 가르치는 일로부터 의미와 보람을 찾을 수 없어 절망하기도 한다.

겉으로 보이는 것은 저마다 다르지만 이런 어려움이 바로 오늘날 교사들이 마주하고 있는 '단절'의 모습이다. 파커 파머Parker Palmer는 교사가 겪는 고통의 근본적인 원인을 바로 단절에서 찾고 있다. 자신이 가르치는 교과와 연결되지 않을 때, 아이들과의 관계가 끊어질 때, 나아가 교사로서 나와 나 자신이 이어져 있지 않을 때, 교사는 깊이 절망한다.

교사들이 경험하는 단절의 고통은 역설적으로 그들에게 '연결'이 필요하다는 사실을 알려준다. 마땅히 이어져 있어야 할 고리가 끊어져 있을 때 교사들이 좌절을 경험하듯 자신이 가르치는 교과, 가르침의 행위, 가르치는 아이들, 주변의 동료 교사들, 궁극적으로 자기 자신과 연결될 때 교사는 비로소 교사다워진다.

．．．．．

만일 교사가 자신의 수업을 곱씹어 보고 그 경험을 다른 교사들과 나누게 되면 어떤 일이 일어날까? 지나간 것을 지나간 대로 두지 않고 굳이 불러들여 되짚어 볼 때, 닫혀있던 가르침의 공간을 스스로 열어젖힐 때 교사들에게는 어떤 일이 일어날까?

．．．．．

교사의 내러티브에 관한 기록

이 책은 자신의 삶을 되돌아봄으로써 가르침의 진정한 의미를 발견하려는 교사의 여정이자 함께 하기에 빛나는 교사들에 관한 기록이다. 주로 초등학교와 중학교 교사들로 이루어진 공동체에서 자신의 가르침의 경험을 글로 기록하고 이를 공유하는 교사들이 이 책의 주인공이다. 이 공동체에 속한 교사들은 개인적인 삶의 경험, 특별히 가르치는 자로 살아가는 과정을 글로 남기고 그 글을 공동체의 다른 교사들과 나누었다. 한 마디로 그들은 성찰과 공유를 통해 단절을 극복하고자 애쓰는 교사들이었다.

우리는 최근 학교 현장에서 '공동체' 라는 단어가 너무도 쉽게 사용되고 폐기되는 것은 아닌지 생각해 볼 필요가 있다. '교사학습공동체', '전문적학습공동체', '교사연구공동체', '실천 공동체' 등 주변에서 들려오는, 마치 유행처럼 번지는 이런 말을 들을 때마다 여러 명의 교사가 공동의 목표 아래 무언가를 함께 한다고 해서 공동체라는 이름을 붙일 수 있는지 고민해 보아야 한다. 여러 사람이 모여 있다는 이유로 공동체라고 부를 수 있을까? 학교라는 상황에 비추어 본다면 같은 학년에 속했거나 같은 교과를 가르치는 교사들은 공동체인가? 같은 학교에 근무하는 교사들은 하나의 공동체에 소속된 것인가? 계획서를 쓰고 교육청으로부터 예산을 받아 1년간 활동을 한 다음, 결과 보고서를 써낸 모든 모임을 '공동체'라 부를 수 있을까?

·····

교사든 아이든 어떠한 개인도 위험에 처하지 않도록 하는 곳,

집단의 이름으로 개인의 고유함을 희생하지 않는 곳,

그러나 동시에 개인이 생각하기 어려운

더 높은 가치를 꿈꾸게 하는 곳, 그곳이 공동체다.

·····

교사의 관점에서, 무엇을 공동체라고 인식하는가, '공동체'라는 단어를 어떻게 이해하고 있는가의 문제는 교사의 삶을 이해하는 데에 있어 매우 중요하다. 개인이 어떤 단어에 대해 가지고 있는 의미, 그 의미를 갖게 되는 것을 의미형성meaning-making이라고 한다. 똑같은 단어에 대해서도 저마다 가지고 있는 의미는 다를 텐데, 그것은 한 개인이 이미 가지고 있는 지식과 지금까지 살아온 경험, 그를 둘러싼 상황과 환경이 다르기 때문이다.

공동체에 대한 교사의 의미형성도 마찬가지다. 교사들이 공동체에 대해 만들어 온 의미는 그와 관련하여 어떤 경험을 했는지, 지금 경험하고 있는 공동체의 성격이 무엇인지 등에 따라 달라진다. 의미형성의 관점에서 볼 때, 개인이 가지고 있는 의미가 중요한 이유는 그 말에 관하여 만들어 온 의미를 토대로 앞으로의 삶을 살아가기 때문이다. 교사는 자신이 공동체를 무엇이라고 생각하는가에 따라 공동체 속에서 행동하고, 공동체에 관해 어떤 의미를 가지고 있는가에 터해 공동체의 구성원으로 살아간다. 따라서 교사들은 공동체 속에서 의미 있는 경험을 할 필요가 있고, 공동체에 대해 좋은 의미를 만들어 가야 한다. 그렇게 만들어진 의미가 이후 교사의 삶에, 특별히 공동체와 관련된 교사의 삶에 방향성을 제공할 것이다.

교사와 공동체

공동체를 이야기하려면 '교사들의 교사'라 불리는 파커 파머를 말하지 않을 수 없다. 그는 『가르칠 수 있는 용기』에서 공동체에 대해 다음과 같이 이야기한다.[1]

- 우리는 교육 커뮤니티에 다양성을 가져온다. 이런 다양성이 정치적으로 균형 잡힌 행동이기 때문이 아니라, 위대한 사물의 다양한 신비가 다양한 관점을 요구하기 때문이다.
- 우리는 애매모호함을 포용한다. 우리가 혼란스럽거나 우유부단해서가 아니라 우리의 불충분한 개념이 위대한 사물의 광대무변함을 포용하지 못하기 때문이다.
- 우리는 창조적인 갈등을 환영한다. 우리가 분노나 적개심을 느끼기 때문이 아니라, 위대한 사물의 본질에 대한 우리의 오해와 편견을 시정하기 위해 그런 갈등이 필요하기 때문이다.

---

1 파커 파머. 이종인·이은정 역. 『가르칠 수 있는 용기』(한문화, 2016, pp. 202-203).

- 우리는 정직을 실천한다. 우리가 서로 정직해야 할 의무가 있기 때문이라기보다는 우리가 본 것에 대해 거짓말을 하는 것은 위대한 사물의 진리를 배반하는 것이기 때문이다.
- 우리는 겸손을 경험한다. 우리가 싸우다가 패배했기 때문이 아니라 겸손이라는 렌즈를 통해야만 위대한 사물을 볼 수 있기 때문이다. 우리가 일단 위대한 사물에 대해서 알게 되면 우리가 취해야 할 자세는 겸손 뿐이다.
- 우리는 교육을 통하여 자유인이 된다. 우리가 특권을 주는 정보를 가지고 있기 때문이 아니라 모든 전제적인 형태는 위대한 사물의 은총에 호소함으로써 극복될 수 있기 때문이다.

파머의 글을 교사 공동체에 좀 더 어울리도록 다음과 같이 바꿀 수 있다.

- - 교사는 다양한 모습으로 공동체에 온다. 관심사와 역할, 잘하는 것과 필요로 하는 것이 저마다 다르다. 공동체의 신비 중 하나는 바로 이러한 '다름'에 있다.
- - 공동체는 애매모호함을 받아들인다. 교사들의 공동체라고

하여 교육의 난제에 대한 모든 정답을 제시할 수 있는 것은 아니다. 어떤 경우 공동체는 개인의 당면 문제가 나만의 것이 아님을 확인하고 공감하는 것만으로도 큰 의미를 지닌다.

- 공동체는 창조적인 갈등을 환영한다. 갈등이 없어서가 아니라 오히려 갈등을 성숙하게 해결하는 것이 공동체의 힘이다.
- 우리는 정직을 실천한다. 교사로서 가지고 있는 신념과 신앙, 가치관과 세계관을 기초로 아이들과 가르치는 일에 대해 정직하고자 애쓴다.
- 우리는 겸손을 경험한다. 날마다 교실에서 부딪히는, 내 힘으로 어찌할 수 없는 크고 작은 문제들 앞에 좌절하며 겸손을 경험한다. 그 겸손함이 교사를 자라게 한다.
- 우리는 가르침을 통해 비로소 자유로워진다. 내가 아는 것, 경험한 것, 의미 있게 여기는 것을 아이들에게 가르치고 그 가르침을 통해 아이들이 자라나는 것을 볼 때 교사로서 참된 자유를 누린다.

교육과 관련된 일에 관여하고 있지만 교사가 아닌 사람들에 의해 쓰인 '교사 이야기'에는 한계가 있을 수밖에 없다. 그것은 '나의 이야기'가 아니기 때문이다. 그에 반해 교사들이 직접 써 내려간 글은 가르침의 현장에 터해 있기에 살아 숨 쉬는 교사의 이야기다. 교사의 글은 비록 그들 삶의 단면에 불과하지만 교육에 관한 그 어떤 글보다 생생한 교실과 학교 현장의 이야기를 들려준다. 교사의 목소리로 들려주는 그들의 이야기, 그 이야기에 귀 기울여 보자. 비로소 진정한 학교의 목소리가 들릴 것이다.

1장

이야기를 만드는 교사

1장 이야기를 만드는 교사

나는 이야기를 만드는 교사다

사람은 '이야기하는 인간(호모 내런스, Homo Narrans)'이다. 이야기 없는 인류의 역사는 상상할 수 없다. 그 이야기에는 인류의 역사와 이 세계에 대한 인간의 이해가 고스란히 담겨 있다. 이렇듯 인간은 나와 타인의 이야기를 다른 누군가에게 서술하는 존재다. 또한 인간은 이야기를 나누고 그 이야기를 삶으로 살아내며 삶의 수많은 경험을 바탕으로 이야기를 창조하는 존재다.

사람이 본질적으로 이야기적 존재라고 한다면, 교사는 '가르침과 배움에 관한' 이야기를 하는 존재라고 할 수 있다. 그렇지 않은가. 교사들이 모여 이야기를 나눈다는 것은 가르침과 배움에 관한 이야기를 하는 것이다. 모든 교사에게는 가르침에 관한 저마다의 이야기가 있다. 교사는 교육에 관한 이야기를 만드는 사람들이다. 교사의 입으로 표현되는 가르침에 관한 모든 이야기는 교사의 내러티브이자 곧 그의 삶인 것이다. 우리는 이야기를 통해 자신의 삶을 이해하고 다른 사람과 나를 연결한다. 우리는 이야기를 매개로 인간과 세상을 이해하며 이야기 속에서 과거-현재-미래와 만남으로써 궁극적으로 우리를 둘러싼 세계를 만들어 간다. 또한 교사의 이야기에는 아이들을 포함한 다양한 주변의 인물들, 가르침과 배움이 일어나는 여러 상황과 사건이 들어 있다. 이렇듯 교사의 내러티브는 개인의 시간이라는 씨실과 사회적 공간이라는 날실에 의해 짜인 직물과도 같다.

이야기를 만든다는 것,
삶을 깊이 이해하는 것

이야기를 만들어 가는 교사, 즉 내러티브 창조자로서의 교사로 자신의 정체성을 인식하는 일에는 나와 타인의 삶을 깊이 있게 이해하려는 태도가 필요하다. 교사의 내러티브는 자신과 타인의 삶 앞에 겸손하고 진지하게 설 때 비로소 진정한 가르침의 의미를 갖게 된다. 따라서 나와 다른 이의 삶을 깊이 이해하려는 시선은 좋은 이야기를 만들기 위한 전제가 된다.

삶에 대한 이해와 관련하여 한나 아렌트Hannah Arendt는 우리에게 귀 기울일 가치가 있는 이야기를 들려준다. 한나 아렌트는 독일계 유대인 정치 사상가이자 철학자로 『예루살렘의 아이히만』이라는 책에서 사용한 '악의 평범성'이라는 말로 인해 일약 세계적인 학자로 주목을 받은 사람이다. 그녀는 '말과 사고를 허용하지 않는 악의 평범성word-and-thought defying banality of evil', 즉 비판적인 관점에서 늘 성찰하고 말하는 것을 게을리 한다면 그것이 곧 악에 이바지하는 길이라는 사실을, 아돌프 아이히만의 전범 재판을 참관하고 기록하는 과정에서 발견했다. 그 기록의 결과물이 바로 그녀의 대표적인 저서 『예루살렘의 아이히만』이다.

그러나 학자로서 그녀가 지닌 태도와 자세가 잘 드러나 있는 다음 인터뷰의 내용은 '악의 평범성' 이상으로 강한 인상을 준다. 아렌트는 자신의 학문 업적에 대한 질문에 다음과 같이 이야기한다.

"제가 지금까지 해 온 작업이 다른 이들에게 어떤 영향을 끼쳤는지 물으셨죠? 아이러니하게 들리겠지만 저에게는 그것이 남성적인masculine 질문으로 들립니다. 남성은 언제나 (타인에게) 영향을 미치기를 원하지요. 나 자신을 영향력 있는 사람으로 생각하냐고요? 아니오, 저는 다만 이해하고자 할 뿐입니다."[2]

"나는 다만 이해하고자 할 뿐이다."라는 아렌트의 말은 교사를 포함하여 이야기의 관점에서 나와 다른 사람, 우리를 둘러싼 이 모든 세계를 바라보고자 하는 모든 이들에게 적잖은 울림을 준다.

교사학습공동체, 내러티브와 만나다

이야기를 통해 나와 아이들 그리고 우리를 둘러싼 세계를 이해하려는 교사의 삶을 잘 보여주는 사례가 있다. 이 교사 공동체는 처음 시작될 당시 지역별, 주제별로 조금씩 다른 5개의 교사학습공동체가 연합하여 만든 모임이었다. 초등학교와 중학교 교사로 이루어진 이 공동체는 '교육희망컨퍼런스', '교육실천페스티벌', '교육연구캠프', '교육실천나눔', '교육실천아카데미'라는 연간 다섯 번의 정기적인 모임을 운영하고 있었다.

---

[2] 독일 ZDF TV의 시사 프로그램 <추어 페르손Zur Person>에서 귄터 가우스Günter Gaus와 펼쳤던 대담. 자세한 내용은 『한나 아렌트의 말: 정치적인 것에 대한 마지막 인터뷰』(마음산책, 2016) 참조.

다음 그림에 나와 있는 다섯 번의 연간 모임에 대해 자세히 알아보면 이 공동체를 좀 더 깊이 이해하는 데 도움이 된다.

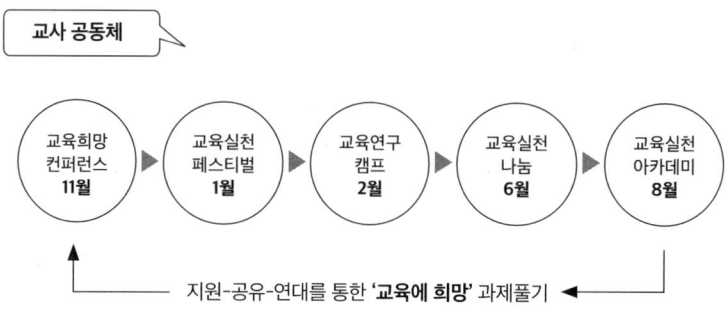

매년 11월에 열리는 '교육희망컨퍼런스'는 한 해 살림을 계획하고 시작하는 모임이다. 우리가 잘 알고 있듯이 새 학년도는 3월에 시작되기 때문에 일반적인 학교에서는 보통 매년 1, 2월에 다음 학년도에 대한 계획을 수립한다. 새로운 학교와 학년이 발표되고 학교교육과정의 주요한 골격이 만들어지는 것이 바로 이 시기다. 요즘은 그 시기가 앞당겨지고 있다. 그러니까 연말에 이듬해 교육에 대한 설계가 시작되는 학교들도 제법 늘어나고 있다. 이 교사 공동체는 보다 선제적으로 다음 해의 청사진을 그리기 위한 작업을 11월에 시작한다. 이것이 바로 교육희망컨퍼런스의 역할이다.

두 번째 모임은 매년 1월에 열리는 '교육실천페스티벌'이다. 교육실천페스티벌은 해마다 조금씩 그 성격을 달리하긴 하지만, 페스티벌이라는 말에서 알 수 있듯이 지난 한 해 실천해 온 것과 새로운 한 해 동안 어떻게 실천해 갈 것인지 공유하고 격려하며 다짐하는 축제festival의 자리다. 최근에 있었던 교육실천페스티벌에서는 "삶을 말하고 기록하다"라는 제목으로 이 공동체가 걸어온 길을 되짚어 보았다. 이 모임에는 공동체 소속은 아니지만 평소 교사학습공동체 혹은 내러티브에 관심을 가진 교사들도 다수 참석하기도 했다.

'교육연구캠프'는 매년 2월 열리는 행사다. 그 이름이 말해주듯 2월 모임은 '연구'에 좀 더 초점을 두고 있다. 연구 방법론에 대해 배우기도 하고, 때로는 특정한 주제에 대해 특강을 듣기도 하며 교사들은 지금까지 실천해 왔고 앞으로 실천해 나아갈 일들을 연구자의 관점에서 바라보게 된다. 교육학의 용어로 말해 보자면 교육을 실천하는 자의 역할 뿐만 아니라, 자신의 실천 경험을 연구한다는 점에서 교육연구캠프는 실행연구action research의 과정이며 여기에 참여하는 교사는 '실천하는 연구자practitioner researcher'라고 할 수 있다.

매년 6월에는 '교육실천나눔'이라는 이름의 모임이 열린다. 이름에서도 알 수 있듯이 이 모임은 교사들이 각 지역 및 주제별 모임에서 함께 고민하고 각자의 교실에서 실천한 경험을 공유하는 자리이다. 반드시 우수 사례이기 때문이 아니라 공동체를 통해 고민하고 연구하고 실천한 경험을 있는 그대로 공유하는 모임이기 때문에 그곳에는 성공 경험담도, 실패담도 있다. 어찌 되었든 교육실천나눔 모임은 전체 공동체를 이루는 작은 교사학습공동체 단위로 상반기의 실천 경험을 나누는 자리다.

  마지막 8월에 열리는 '교육실천아카데미'는 앞선 실천적 성격의 모임들을 좀 더 이론적이고 학문적인 관점에서 돌이켜보기 위한 성격을 가지고 있다. 따라서 이때는 공동체 안팎에서 이론적·학문적 접근을 통해 교사들의 연구와 실천을 분석하고 해석할 수 있는 강사들을 초청하여 강연을 듣거나 모임 안에서 실천 경험에 내재된 의미를 학문적인 관점에서 풀어낼 수 있는 사람을 앞에 세우기도 한다. 교육실천아카데미를 끝으로 모든 연간 모임은 마무리 된다.

  각각의 행사는 조금씩 주제가 달라지긴 해도 매년 같은 시기에 반복된다. 그러다 보니 이들의 모임에는 '일 년에 다섯 번'이라는 패턴이 생긴다. 또한 8월에 아카데미를 끝으로 마무리되는 한 해의 행사는 이듬해 교육희망컨퍼런스로 자연스럽게 이어진다. 모임이 시작된 이래 교사 공동체의 모임들에는 이러한 주기가 반복되었다.

모임 안으로 좀 더 가까이 들어가 보면 어떤 일이 일어나는지 보다 본질적인 모습을 볼 수 있다. 성격과 목적이 각기 다른 다섯 번의 전체 모임을 통해 교사들이 하는 일은 어떤 거창한 것이 아니라, 매우 단순하게도 '함께 모여서 이야기하고 다시 흩어져 살아가는' 과정이었다. 예를 들어, 2월 교육연구캠프 모임에서 교사들은 올 한 해 어떻게 연구자로서 살아갈 것인지 한자리에 모여 이야기하고 각자의 교실로 돌아가 열심히 살다가, 6월에 열리는 교육실천나눔에 다시 모여 그간 어떻게 실천했는지 다시 이야기한다. 그리고 다음 모임이 있기까지 함께 모여 이야기를 나누었던 바를 바탕으로 각각의 관심과 상황에 따라 열심히 교사로서의 삶을 살아간다.

교육학에는 '내러티브 탐구'라는 연구방법이 있다. 내러티브 탐구란 이야기를 통해 교사의 삶을 깊이 있게 탐색하려는 연구방법이다. 교사교육 분야에서 이를 주도해 온 마이클 코넬리Michael Connelly와 장 클란디닌Jean Clandinin은 교사들이 함께 이야기를 나누고, 살아가며, 다시 이야기하고, 또 살아가는 과정을 통해 성장해 간다고 보았다. 교사들이 함께 모여 이야기를 나누고, 각자의 삶의 현장으로 돌아가 교사로 살다가, 다시 모여 이야기하고, 또 살아가기를 반복하는 교사 공동체의 실천 과정은 내러티브 탐구의 원리와 다르지 않았다.

공동체를 통한 이들의 지원과 연대, 공유와 협력의 과정은 대표적인 교사교육 전문가들이 이야기한 내러티브 탐구를 실질적으로 이해하기에 적합한 현장이었다. 교사 공동체의 연간 모임을 나타낸 그림을 내러티브 탐구의 기본 절차를 나타낸 그림과 비교해 보면 이러한 사실이 더 잘 드러난다.

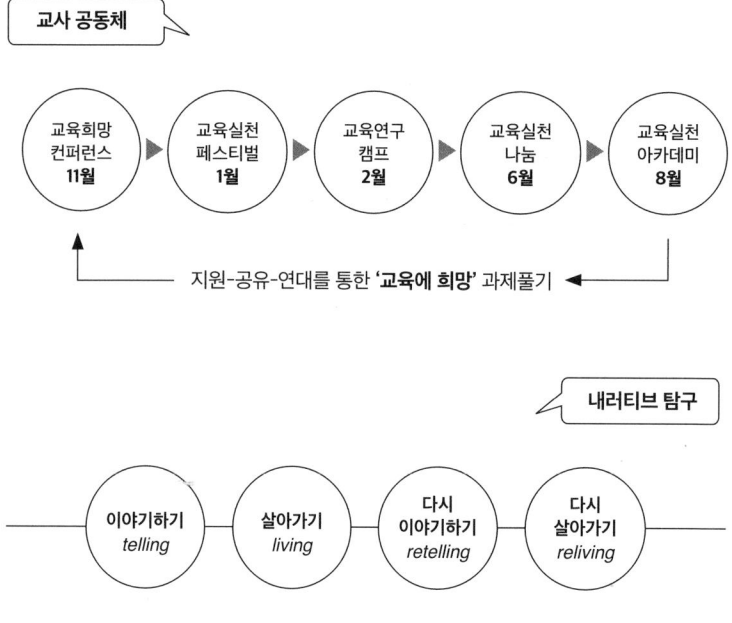

내러티브 탐구

두 그림을 좀 더 분명하게 비교하기 위해 내러티브 탐구가 무엇인지 자세히 알아보자. 내러티브 탐구는 클란디닌과 코넬리라는 캐나다의 교육가이자 교육학자들이 주도해 온 연구방법이다. 이 탐구 방법은 특히 교사의 삶을 이해하려는 연구에 자주 활용되어 왔다. 원래 인류학 연구 분야에서 먼저 시작되었지만, 클란디닌과 코넬리가 교사 연구에 이를 적용하면서 교사의 삶과 가르침을 이해하기 위한 방법론으로 자리를 잡게 되었다.

다른 질적 연구방법들과 구별되는 내러티브 탐구의 가장 중요한 특징은 '이야기를 통해 개인의 삶과 경험을 들여다보려 한다'는 것이다. 코넬리와 클란디닌은 교사의 목소리, 그들의 이야기에 주목하여 지난 20여 년간 교사의 전문성에 관한 연구를 수행해 온 교사교육 분야의 귀중한 연구자들이다. 특히 둘 다 대학에 소속된 연구자이기 이전에 풍부한 학교 현장의 경험을 가지고 있기 때문에 교사의 삶에 대한 이해가 높아 믿을 만한 학자들이라고 할 수 있다.

연구방법론으로서 내러티브 탐구는 앞의 그림이 보여주고 있듯 이야기하기-살아가기-다시 이야기하기-다시 살아가기라는 지극히 단순한 네 단계에 따라 이야기로 구현되는 교사의 삶과 목소리에 주목한다. 코넬리와 클란디닌은 교사의 내러티브를 통해 그들의 가르침, 더 나아가 교사의 삶의 본질을 이해할 수 있다고 이야기한다.

"내러티브 탐구는 경험을 이해하는 방법이다. 이는 오랜 시간에 걸쳐서, 한 장소 혹은 여러 장소에서, 환경과 사회적 상호작용을 하면서 연구자와 참여자 간에 협력하는 것이다. 연구자는 이야기하고, 살아가고, 다시 이야기하고, 다시 살아내는 가운데 내러티브 탐구가 존재하며, 사람들의 삶을 만드는 경험 이야기는 개인적이면서 동시에 사회적인 것이라고 판단하면서 이 과정의 한가운데로 들어가 같은 마음을 가지고 앞으로 나아간다." [3]

내러티브 탐구가 보여주는 것처럼, 그리고 교사의 공동체가 그러했던 것처럼, 함께 모여 교육에 관해 이야기를 나누고, 이야기한 것을 바탕으로 각자 삶을 살아가고, 삶으로 살아낸 것을 바탕으로 또 같이 이야기하고, 다시 살아갈 때, 교사는 성장한다. '말과 삶의 연속과

---

3 Clandinin, J., & Connelly, M.(2000). *Narrative inquiry: Experience and story in qualitative research*. San Francisco. Jossey-Bass Publishers. p. 20.

순환'을 통해 교사가 자라는 것이다. 그러므로 전문가로서 교사는 혼자의 힘으로 만들어지지 않는다. 교사의 성장은 가르침과 배움에 관한 이야기를 매개로 다른 교사들과 상호작용하는 가운데 일어난다.

교사 공동체의 '교육연구캠프' 모임에서 교사들에게 내러티브의 관점에서 교사의 삶을 들여다보는 것의 의미를 이야기할 기회를 가질 수 있었다. 그 자리에서 아렌트의 인터뷰를 인용하며, 공동체와 함께 하는 동안, 때로는 연구자로서, 때로는 동료 교사로서, 또 때로는 모임의 참여자로서 교사들의 삶을 이해하기 위한 작업을 하게 될 것을 이야기했고, 그 알아감의 과정에 함께 하자고 요청하였다. 알아감이란 가르치는 아이들에 대한 이해, 가르침이라는 일에 대한 이해, 교사 스스로에 대한 이해, 그리고 궁극적으로는 교육에 대한 깊은 이해를 의미한다. 이 모임에 참석했던 한 교사의 소감을 담은 아래 글은 교사로서 자신과 타인의 삶을 깊이 있게 이해하는 것의 중요성을 잘 보여준다.

> " … 그 중 『예루살렘의 아이히만』이란 책을 쓰신 한나
> 아렌트의 인용문을 통해 양적 연구와 질적 연구의
> 패러다임 설명에 대한 여운이 아직도 마음에 와 닿는다.

To be influential과 to understand의 차이점은 결국 인간을 어떻게 이해하고 접근하느냐의 차이점이라는 것. 그리고 인간이라는 한 사람의 존재를 그대로 온전히 깊게 이해하기 위해 내러티브 연구를 한다는 것. 그것은 마치 인류학자들의 접근처럼, 연구 참여자들의 삶의 리듬을 깨뜨리지 않고, 그들의 목소리로 그들의 삶을 있는 그대로 들을 수 있는 연구자의 자세라는 것. 그리고 개인이 처한 개개인만의 독특한 context를 온전히 이해할 때 (교사의 내러티브에 대한) 진정한 분석과 해석을 할 수 있다는 것.
(중략) 문득 '사람이 온다는 건 한 사람의 일생이 오는 것'이라는 시 한 구절이 떠올랐다."

사람이 온다는 건

실은 어마어마한 일이다.

그는

그의 과거와

현재와

그리고

그의 미래와 함께 오기 때문이다.

한 사람의 일생이 오기 때문이다.

부서지기 쉬운

그래서 부서지기도 했을

마음이 오는 것이다 - 그 갈피를

아마 바람은 더듬어볼 수 있을

마음,

내 마음이 그런 바람을 흉내낸다면

필경 환대가 될 것이다.

— 정현종, 방문객

    교사가 글에서 말하고 있는 것처럼 교사의 삶을 이야기의 관점에서 살펴보려는 중요한 목적은 '이해'에 있다. 이야기를 통해 교사는 자신의 삶을 더욱 깊이 들여다볼 기회를 얻는다. 그러므로 가르침과 배움이라는 경이로운 사건을 통해 자신의 삶을 이해하고 그 삶의 의미를 어떤 방법으로든 이야기로 풀어내는 교사는 이렇게 말할 수 있다.

    "나는 이야기를 만드는 교사다."

나눔을 위한 질문

나는 교사로서 어떤 이야기를 만들어 왔는가?

지금까지 교사로 살면서 가장 기억에 남는 '나의 이야기'는 무엇인가?

2장

함께 만들어 가는 이야기

2장 함께 만들어 가는 이야기

다른 사람의 얼굴

에마뉘엘 레비나스Emmanuel Levinas, 1906-1995는 우리의 존재 목적을 다른 사람에 대한 책임에서 찾는다. 흔히 '타자의 철학 philosophy of the other'으로 알려진 레비나스의 사상은 타인의 존재로 인해 비로소 한 개인이 존재할 수 있다는 주장으로 요약된다. 더 나아가 레비나스는 다른 사람에 대한 사랑이야말로 신에 대한 사랑을 완성하는 방법이라고 말한다. 그래서 그는 타인의 '얼굴'에 커다란 의미를 부여한다. 그에 따르면 다른 이의 얼굴은 우리 앞에 나타난 신의 그것과 다르지 않다. 이 점에서 다른 이의 얼굴은 윤리의 출발점이 된다. 현대 사회에서 우리가 경험하는 단절과 소외의 문제는 바로 타인의 얼굴에 무관심하기 때문이다.

실제로 우리는 다른 사람의 얼굴을 보며 대화를 한다. 따라서 타인의 얼굴은 소통의 기본이 된다. 레비나스가 타인의 얼굴을 철학의 문제, 윤리의 문제로 다룬 것도 그 때문이다. 그 얼굴로부터 바로 나에 대한, 다른 이에 대한, 궁극적으로 절대자에 대한 윤리와 사랑이 시작된다. 그러므로 나라는 존재는 타인의 얼굴로 인해, 그에 대한 책임을 다함으로 인해 가능하다.

레비나스가 볼 때 타인은 나에게 윤리적인 책임을 다하라고 요청하는 존재다. 교사에게 있어 학생이라는 타인은 교사로서의 윤리적 책임에 충실해지길 요청하는 존재인 것이다. 교사에게 타인으로서 동료 교사도 마찬가지다. 옆에 있는 교사로 인해 나의 존재가 비로소 의미를 획득한다. 특히 공동체 안에서는 더욱 그러하다. 아이들은 주어진 윤리적 책임을 다하고자 하는 교사에게 신뢰와 사랑으로 응답할 것이다. 동료 교사와의 관계도 다르지 않다.

우리는 그야말로 '홀로'의 시대를 살고 있다. 혼자서 밥을 먹고(혼밥), 홀로 여행을 떠나고(혼행), 혼자 영화를 보는 것(혼영)을 익숙하게 생각한다. 다른 사람이 내 사생활에 간섭하는 것도 싫고 다른 사람의 삶에 관심을 기울이는 것도 피곤하다.

그러나 인간은 결코 공동체를 떠나 살 수 없다. 혼자 사는 것이 편하게 느껴질수록 다시 한 번 공동체의 중요성을 되새겨 볼 필요가 있다. 공동체의 중요성에 대해 알래스데어 매킨타이어Alasdair MacIntyre는 다음과 같이 이야기한다.

"나 혼자서는 절대로 선을 추구할 수도, 선행을 할 수도 없다. 우리는 누구나 특정한 사회적 정체성을 지닌 사람으로서 자신을 둘러싼 환경을 이해한다. 나는 누군가의 아들이거나 딸, 또는 사촌이거나 삼촌이다. 나는 이 도시나 저 도시의 시민이며, 이 조합 아니면 저 조합의 회원이다. 나는 이 친족, 이 부족, 이 나라에 속한다." [4]

보람과 기쁨, 어려움과 고민을 함께 나누는 일은 저절로 되지 않는다. 때로는 어떤 특별한 계기나 노력이 필요한 일이다. 공동체 모임은 교사들에게 이러한 계기를 마련해 준다. 함께 모여 이야기를 나누고 우리의 이야기를 만들어 가는 과정은 특별한 노력을 요구하는 일이지만 동시에 그 이상의 가치를 발견하는 일이기도 하다. 좋은 것과 그렇지 않은 일까지 공유하는 것, 서로의 삶을 그 사람만의 것으로 남겨두지 않는 것, 다른 교사의 '얼굴'에 반응하는 것, 그것이 교사 공동체로서 우리의 이야기를 만들어 가는 과정이다.

---

[4] 알래스데어 매킨타이어. 이진우 역. 『덕의 상실』(문예출판사, 1997, p. 324, 번역 일부 수정).

· · · · ·

교사로서 우리의 삶을 내러티브의 관점에서 바라보게 되면
교직에서 얻게 되는 성공적인 경험과 만족감은 결코 나만의 것이 아니다.
마찬가지로 교사에게는 분명 아프고 힘든 일이지만
가르침의 현장에서 오는 실패와 좌절 또한 여전히 가치 있고 아름답다.

· · · · ·

나의 이야기, 너의 이야기

교사는 이야기를 만들어 내는 사람이다. 곧 교사는 가르침과 배움에 관한 나레이터narrator이다. 교육에 관해 교사들이 풀어내는 이야기에는 많은 인물이 등장한다. 거기에는 아이도 학부모도 동료 교사도 있다. 실상 그 이야기는 나만의 것이 아니라 가르침과 배움의 과정에 관여하는 많은 사람이 함께 만들어 온 결과물인 것이다. 따라서 이야기는 나의 이야기이자 너의 이야기, 그리고 우리의 이야기다.

우리가 살아가는 세상을 이야기와 그것의 상호성의 관점에서 이해하고자 했던 사람은 러시아의 사상가이자 문학가인 미하일 바흐친 Mikhail Bakhtin, 1895-1975이다. 그는 "나와 너의 이야기가 함께 어우러져

우리가 살아가는 이 세계를 만들어 간다."라고 말했다. 우리가 사는 세상은 나와 너의 이야기가 뒤섞인 결과물이라는 것이다. 오늘 우리가 살아가고 있는 이 세계는 과거 수많은 사람들의 이야기가 얽혀져 만들어진 것이고 우리는 여전히 세계를 구성하는 그 작업에 참여하고 있으며 이 작업은 앞으로도 계속 이어질 것이다.

'우리의 이야기'라는 말에는 너의 이야기에 내가 들어 있고 나의 이야기에 너의 자리가 있음을 의미한다. 그렇지 않던가. 누구라도 자신의 삶을 이야기로 풀어낼 때 나 아닌 다른 사람이 등장하지 않는 법은 없다. 또한 우리는 누군가의 도움으로, 다른 누군가와의 상호작용을 통해 존재한다. 따라서 교사의 이야기는 개인의 것이 아니라 '우리의 이야기'인 셈이다. 교육에 관한 이야기의 창조자인 교사들, 나와 너의 이야기가 어우러지면 우리의 이야기, 즉 공동체의 이야기가 만들어진다. 이렇게 만들어진 공동체의 내러티브는 교사의 개인적인 이야기들의 합에 머무르지 않는다. 그것은 전혀 새로운 이야기가 된다.

지난 여러 해 동안 개별 교사의 이야기가 모여 작은 모임들의 이야기가 만들어지고 이들이 다시 모여 공동체의 이야기가 만들어졌다. 특별히 이 공동체의 이야기는 한 해를 이끌어가는 커다란 주제에 대한 고민과 질문에 대한 답을 찾아가는 과정에서 함께 모여 이야기하고 또

흩어져 살아가는 과정을 통해 구성되었다. 매년 11월에 열리는 '교육희망컨퍼런스'는 이러한 주제와 질문이 공동체의 상호작용을 통해 만들어지는 중요한 자리였다.

    모임이 시작되던 해, 이들은 '함께 모여 교육의 희망을 이야기 하자'는 주제 아래 연구와 실천을 통해 교육의 여러 가지 문제들을 고민하고자 하는 교사들이 공동체로 함께 모여야 할 필요성을 절감하게 되었다. 이렇게 모인 교사들이 한 해를 지나며 다양한 형태로 상호작용을 하는 과정에서 각자 가지고 있는 '교육'에 대한 정의와 생각이 저마다 다름을 알게 되었다. 이듬해 이들은 교육희망컨퍼런스에서 '우리가 말하는 교육은 무엇인가' 하는 질문에 답을 찾기 위해 노력하였다. 그러나 그들은 하나의 통일된 답을 얻지 못하고, 서로 가진 생각이 다름을 재확인할 수밖에 없었다. 그럼에도 각자 가지고 있는 다양한 생각에 터해 '교육실천, 어떻게 시작할 것인가'를 고민하기 시작했다. 이 질문에 대한 답으로 지역별 작은 공동체가 본격적인 출발을 하게 되었고, 여러 공동체들의 네트워킹도 시작되었다. 그간의 실천 경험이 축적되면서 이들은 "이 아이를 어떻게 도울 것인가?"라는 주제 아래 본격적인 교사 공동체로서의 면모를 드러낼 수 있었다. '우리의 이야기'는 이러한 과정을 통해 만들어진 것이다.

함께 만들어 온 이야기에 깃든
공동체의 정신

이렇듯 우리의 이야기, 공동체의 내러티브는 저절로 만들어지지 않는다. 거기에는 몇 가지 조건이 필요하다. 그중에서도 가장 핵심적인 것은 '공동체성'이다. 공동체성이란 공동체를 공동체답게 만드는 특성을 말한다. 교사들에게 있어 공동체는 특별한 의미를 지닌다. 그 독특한 의미가 공동체를 공동체로 존재하게 한다. '우리는 우리의 이야기를 함께 만들어 간다'는 말에는 함께 만든 이야기에 공동체의 정신이 깃들어 있음을 의미한다. 달리 말하면 '공동체성'이란 무엇이 한 공동체를 공동체답게 만드는가에 대한 답이라고 할 수 있다.

그렇다면 저자가 함께 했던 교사 공동체를 특징짓는 공동체성은 무엇일까? 여러 특징들 가운데 하나는 다소 무겁지만 '책임감', 보다 구체적으로는 '교사로서 갖는 공적인 책임'에 관한 것이었다.

'이 아이를 어떻게 도울 것인가'는 공동체의 교사들이 한 해 동안 붙들고 씨름했던 주제였다. 여기에서 '이 아이a child'란 '위기에 처한 아이a child at risk'를 말한다. 새 학년이 되면 우리 교실에 오지만 어찌할 바를 모르고 그냥 일 년을 꾸역꾸역 버티다가 다음 학년으로 올려

보낸 아이들(누적된 학습 부진에 빠진 아이, 난독증이 있어 기초적인 읽고 쓰기를 어려워하는 아이, 피해의식과 무기력에 사로잡힌 학생, 반항하거나 폭력성이 있는 청소년, ADHD로 인해 생활지도가 힘든 아이, 한부모 가정이나 조손 가정의 자녀들 등)이 바로 교사들이 말하는 '이 아이'였다.

매해 꼬리표를 달고 올라와 어느 누구도 맡아 가르치기를 꺼리는 아이들에 대해 교사는 어떤 마음을 가져야 하는가? '이 아이'가 우리 반에 온다는 것은 여간 부담스러운 일이 아닐 수 없다. 이러한 아이들이 교사의 말을 따르지 않고 말썽을 일으킬 때 교사는 어려움을 겪는다. 교사 공동체에 속한 교사들도 '이 아이'로 인해 수많은 어려움을 겪고 있었다. '이 아이'를 어떻게 도와야 하는지 방법을 잘 알지 못할 때, 이 아이에게 신경을 쓰느라 다른 다수의 아이들에게 마음을 주지 못할 때, 그래서 교사로서 자괴감에 빠질 때, 교사들은 보다 더 깊은 절망감과 마주하게 되었다.

교사들이 '이 아이를 어떻게 도울 것인가'라는 주제로 한 해를 보내는 동안 문제를 해결할 수 있는 확실하고도 효과적인 방법을 모두가 찾아낸 것은 아니었다. 오히려 '이 아이를 어떻게 도울 것인가'와 관련된 공동체의 고민이 더해 갈수록 이 교사들이 발견하게 된 것은 이것이 나만의 문제가 아니라 교사라면 누구나 겪고 있는 '우리의 문제'라는 사실이었다. 다만 지금껏 그래 왔듯이 이 문제를 덮어두고 개인의 책임으로 남겨두지 않겠다는 다짐이 공동체에 공유되기 시작했다. 이러한 흐름 속에 그 해 여름에 있었던 교육실천아카데미에서 한 강연자는 교사의 '공적 책임'에 관한 이야기를 들려주었다. 그리고 이 강의는 교사들에게 큰 울림을 주었다.

······

"교사에게는 공적인 책임이 부여된다.
성숙한 사람들일수록 공적인 문제에 관심을 둔다."

홍세기 우간다 쿠미대학교 총장, 좋은교사운동 공동대표(전)

······

교사들은 이 강연을 통해 교사로서 갖는 공적인 책임감이 성숙도와 관련이 있음을 깨닫게 되었다. '이 아이'에 대한 책임은 교사에게 주어진 공적인 책임의 일부다. 그리고 그것을 교사 개인의 문제로 치부하지 않고 함께 고민해야 할 주제로 받아들이는 순간, 가르침의 공공성은 더욱 커진다. 이렇게 '이 아이를 어떻게 도울 것인가' 하는 약자에 대한 공적 책임은 공동체 정신의 일부가 되었다.

책임을 공유하겠다는 다짐

　　공적인 책임의 대상은 아이들뿐만이 아니다. 그것은 동료 교사를 포함한다. 공동체가 함께 이야기를 만들어 간다는 것에는 서로의 짐을 나누어 지겠다는 의지가 담겨 있다. 교사가 공동체로 함께 하게 되면 가르침을 통해 얻는 기쁘고 보람된 일이 결코 나만의 것이 아니다. 마찬가지로 어렵고 힘든 일 역시 그 사람만의 것, 나만의 것이 아니다. 공동체는 이 모든 것이 '우리'의 일임을 선언하는 것이다. 그래서 우리는 다른 교사들을 일컬어 '동료' 교사라고 부른다.

　　주어진 일만 감당하기에도 어려운 상황에서 다른 사람의 짐까지 나누어 지라는 말은 부담스럽고 심지어 가혹하기까지 하다. 그러나 가만히 생각해 보면 동료의 짐을 나누는 것은 결국 나의 짐을 누군가 함께 지어 준다는 것을 의미한다. 서로의 책임을 나누겠다는 의지의 표현은 어찌 보면 가르침이 나 혼자만의 힘으로 되지 않는다는 겸손함의 표현이기도 하다. 실제로 교사들이 토요일 오후와 방학을 막론하고 전국 각지에서 한자리에 모일 수 있었던 힘은 서로의 짐을 나누어 지는 것의 가치를 경험했기 때문이었다.

·····

"가르친다는 것은 개인을 광장으로 불러내는 수고,
사적인 문제를 공적인 의제로 바꾸어내려는 용기"

류창기 교육실천이음연구소 공동대표

·····

거대 서사에 대한 입장

'이야기'를 지칭하는 서로 다른 두 단어, 즉 스토리story와 내러티브narrative는 어떻게 다를까? 조금씩 차이가 있긴 하지만, 많은 학자들은 단순한 경험에 관한 서술이 스토리인 것과 달리, 말하는 이의 선별을 통해 새롭게 조직되고 구성되는 하나의 플롯을 갖는 이야기를 내러티브라고 본다. 즉 내러티브는 여러 사건이 만들어낸 하나의 완결된 이야기다. 도널드 폴킹혼Donald Polkinghorne은 내러티브를 다음과 같이 정의한다.

"내러티브는 개별적인 경험들이 전체의 삶을 이루는 부분들로써 어떻게 기능하는지를 보여주면서 개별 경험의 의미를 드러낸다. 내러티브의 특정 주제는 인간존재에 영향을 미치는 인간행위와 사건들로 구성된다. 이러한 인간행위와 사건들은 (이야기의) 결론을 이끌어 내는데 어떠한 역할을 하는가에 따라서 전체적인 이야기 속에 배열된다."[5]

폴킹혼에 따르면 개별 경험에 관한 이야기(스토리)가 모여 하나의 전체적인 이야기를 이룰 때 우리는 그것을 내러티브라 부를 수 있다. 내러티브는 일련의 사건들이 재배열되고 재구성된 하나의 완결성 있는 이야기이다. 그리고 전체적인 이야기로서의 내러티브는 그것을 이루는 각각의 사건들에 의미를 부여한다. 완결성, 즉 부분과 전체가 맺는 관계가 이야기를 내러티브로 존재하게 한다. 비슷한 생각에서 매킨타이어도 "내 삶의 이야기는 언제나 내 정체성이 형성된 공동체의 이야기에 속한다."라고 말하며 개인의 이야기와 공동체의 내러티브 사이의 관계를 설명한다. 따라서 내러티브는 인간의 삶을 이해하는 데 매우 중요하다. 그것은 인류 역사의 목적과 방향을 보여줌으로써 한 개인의 삶을 전체

---

5 Polkinghorne, D. E.(1998). *Narrative knowing and the human sciences.* Albany: State University of New York Press. p. 36.

적인 관점에서 바라볼 수 있게 해 준다.

하나의 완결된 이야기, 전체적인 통일성을 갖춘 거대한 이야기를 '거대 서사grand narrative'라고 한다. 거대 서사란 인류의 역사를 꿰뚫는 통일성 있는 하나의 커다란 이야기다. 한 개인의 삶과 그 안에 담긴 여러 일들이 모여 거대 서사를 이루며, 다시 거대 서사는 하나의 통일성 있는 이야기로서 그 사람의 삶과 크고 작은 사건들의 의미를 설명한다.

그러나 포스트모더니즘은 거대 서사의 존재를 인정하지 않는다. 왜냐하면 포스트모더니즘은 절대적이고 유일한 진리Truth가 아니라 다양한 '진리들truths'이 있다고 보기 때문이다. '나도 옳고 너도 옳다'는 말은 포스트모더니즘의 생각을 가장 잘 드러내는 말이기도 하다. 따라서 포스트모더니즘 앞에서 하나의 단일하고도 통일성 있는 이야기로서 거대 서사는 무의미하다. 그야말로 이 세상에는 무수히 많은, 작은 이야기들이 있을 뿐이다. 그러나 교사 공동체에 관한 연구를 통해 발견된 사실은 거대 서사, 통일성 있는 커다란 이야기야말로 교사의 존재와 그들의 내러티브의 의미를 더욱 빛나게 해 준다는 것이었다. 오히려 거대 서사, 즉 개인과 교사 집단의 삶을 관통하는 하나의 단일한 이야기가 아니고서는 교사의 삶을 제대로 이해하는 것은 어려웠다.

내러티브라는 등불에 교사의 삶을 비추어야 그 삶의 전체적인 의미가 비로소 모습을 드러낸다. 우선 내러티브는 과거의 경험으로부터 현재의 삶에 도달하여 미래에 이어질 교사 개인의 삶의 여정을 전체적으로 이해하도록 도와준다. 내러티브가 지닌 총체성의 관점에서 보면 교사의 삶과 가르침은 전혀 새로운 의미를 갖는다. 한 시간 수업만 떼어놓고 교사의 삶과 가르침의 의미를 이해하려고 하는 시도는 충분하지 않다. 아니 어쩌면 불가능하다. 가르침은 교사의 삶이라는 커다란 내러티브를 이루는 한 부분이기 때문이다.

　　　이와 마찬가지로 한 개별 교사의 삶은 보다 큰 교육의 이야기를 이루는 일부가 된다. 교사로서 나의 삶은 아주 작은 것 같아 보여도 이러한 이야기들이 모여 하나의 커다란 내러티브를 형성한다고 했을 때, 그 작아 보이는 이야기는 큰 이야기에 있어 없어서는 안 될 부분이다. 이는 마치 퍼즐 맞추기와도 같다. 퍼즐 한 조각은 그 자체로 하나의 완성된 작품이 아니기 때문에 그것만 놓고 보면 무엇인지 알 수 없어도 조각과 조각이 모이면 전체의 큰 그림이 완성된다. 별로 중요해 보이지 않는 것 같아도 그림을 완성하기 위해서는 바로 그 한 조각이 꼭 필요하다. 마지막 조각이 제자리를 찾아갈 때 비로소 작품이 완성되는 퍼즐과도 같이 한 개인으로서 교사의 삶은 교육이라는 더 나아가 인류의 거대 서사라는 커다란 작품에 없어서는 안 되는 것이다. 교사의 삶은, 그 이야기는 커다란 내러티브를 이루는 퍼즐 한 조각과도 같다.

"바로 이 이야기 안에서 우리는 삶의 의미를 찾아야 하며, 나 자신의 경험이 본래 들어맞게 되어 있는 자리도 거기서 찾아내야 한다." [6]

우리는 이야기의 창조자이지만 그 이야기는 다시 교사로서 우리의 삶을 빚어간다. 마이클 고힌Michael Goheen과 크레이그 바톨로뮤Craig Bartholomew는 "어떤 이야기가 당신의 삶을 빚어가도록 할 것인가?"라고 질문한다. 좋은 공동체를 찾아 함께 하는 것은 그곳에 몸담은 공동체 구성원들과 함께 만들어가는 이야기를 나의 이야기로 받아들이겠다는 것을 의미한다. 그리고 공동체의 이야기가 나의 삶을 빚어가도록 하겠다는 다짐이기도 하다.

---

6 마이클 고힌, 크레이그 바톨로뮤, 윤종석 역, 『세계관은 이야기다』 (IVP, 2011, p. 42).

당신이 사랑하고 함께 하며 삶을 나누고 싶은 공동체는 어디인가? 가까이에서 이와 같은 모임을 발견한 적이나 혹은 찾아보려 한 적이 있는가? 교육이라는 커다란 이야기는 나 혼자 써 내려갈 수 있는 성격의 것이 아니다. 많은 사람이 함께 삶을 공유하는 과정을 통해 빚어지는 우리의 이야기, 공동체의 내러티브다. 교사들에게 함께 이야기를 만들어 갈 공동체를 찾아 함께 하기를, 그곳에서 우리의 이야기를 함께 써 내려가기를 권한다. 그것은 반드시 정기적인 모임이거나 완성된 형태의 글일 필요는 없다. 우리의 이야기에 가장 적합한 방식은 우리가 가장 잘 알고 있다.

우리의 이야기를 함께 만들어가는 것에 마음을 쏟는 교사들, 공동체의 역사를 함께 만들어가고 그로부터 다시 자신의 삶을 돌아보기를 원하는 사람들은 다음과 같이 이야기할 수 있다.

"우리는 우리의 이야기를 함께 만들어 간다."

나눔을 위한 질문

내가 속해 있거나 속했던 공동체를 하나의 문장으로
어떻게 정의할 수 있을까? 왜 그렇게 생각하는가?
머릿속에 바로 떠오르는 공동체가 없다면,
앞으로 어떤 공동체에서 함께 이야기를 만들어가고 싶은가?

3장

다음 세대로 이어 갈 책임

3장 다음 세대로 이어 갈 책임

내러티브의 전수

교사로서 자신의 삶을 내러티브의 관점에서 조망해 보았다면, 더 나아가 내가 만들어 온 그리고 앞으로 만들어 나갈 가르침과 배움의 이야기가 나 한 사람의 내러티브가 아니라 우리가 함께 만들어 온 내러티브임을 인식하였다면, 이제 우리는 그 이야기가 다음 세대로 이어지도록 하는 일에 관심을 두어야 한다. 여기에서 말하는 '다음 세대next generation'란 다음 두 가지 의미가 있다.

무엇보다도 교사에게 있어 다음 세대는 그가 가르치는 아이들을 말한다. 가르친다는 것은 지금까지 만들어져 온 '우리의 이야기'를 전하는 행위다. 교사는 교과를 가르칠 뿐만 아니라 그것을 포함한 삶을 가르치는 사람이다. 그 가르침은 이야기를 매개로 가능하다. 가만히 들여다보면 수업 시간에 교사는 '이야기'를 하고 있다. 그 이야기에는 지식도 교과 내용도 그리고 교사의 삶도 들어있다.

또한 다음 세대란 우리를 뒤이어 가르치는 일을 감당해야 할 사람들, 즉 후배 교사 혹은 예비 교사들을 말한다. 교사는 그가 만들어 가는 이야기가 다음 세대의 교사들과 연결되어 있음을 기억해야 한다. 다음 세대의 교사는 앞선 세대가 만들어 온 교육의 이야기를 딛고 자란다. 그리고 그들만의 이야기를 만든다. 그 이야기는 또다시 다음 세대의 교사들이 성장할 토양이 된다. 앞선 세대의 이야기라는 터를 딛고 다음 세대는 그들의 새로운 이야기를 만든다. 그러므로 전수는 답습을 뜻하지 않는다.

무엇이 교사를 전문가로 만드는가?

요즘은 교사의 전문성을 '공동체'의 관점에서 바라보고 이해한다. 전문성을 가진 교사는 혼자의 노력으로 만들어지지 않는다. 교사는 다른 사람들과 더불어 살아가며 배우고 성장한다. 그래서 교사의 전문성을 공동체라는 렌즈를 통해 보려는 것이다. 그러나 원래부터 이렇게 생각한 것은 아니었다. 1980년대 이전까지만 해도 교사에 대한 인식은 '지식을 퍼다 나르는 사람'에 불과했다. 교사는 교과 내용에 관한 전문성을 가진 것으로 충분했다. 다시 말해 교과의 핵심적인 지식과 내용을 잘 습득해서 학생들에게 전달하는 것이 교사의 역할이었다. 그러므로 교사 양성 기관은 앞으로 교사가 될 사람들에게 학문과 교과의 주요 지식을 잘 가르치는 것을 중요하게 여겼다.

그러나 1980년대 들어서면서 교사는 단순히 습득한 지식을 전달하는 역할이라는 생각이 바뀌기 시작했다. 이런 변화는 교과 지식을 가르치는 교사는 과연 어떤 사람인지, 그것을 배우는 학생들은 또 누구인지, 이들이 가르치고 배우는 상황과 환경은 어떤 특성을 가지고 있는지에 대한 관심이 생겼기 때문이었다. 가르침과 배움이 예측한 대로만 되지 않는 것은 가르치고 배우는 자, 그들이 상호작용하는 상황이 저마다 다르기 때문이다. 따라서 예측이 어렵고 변화가 많은 교육의 장면을 좀 더 실제적이고 현장감 있는 입장에서 들여다볼 필요가 생겨났다. 여기에 필요한 교사의 전문성은 자신의 실천 행위에 대한 되돌아봄, 즉 성찰reflection이었다. 이로써 도널드 쇤Donald Schön과 같은 학자들을 통해, 교사가 자신의 가르침을 돌이켜 보고, 이를 토대로 실천을 이어가는 '성찰하는 실천가reflective practitioner'로서의 교사상이 주목을 받게 되었다.

1990년대를 지나 21세기로 들어서면서 교사의 전문성은 개인의 차원이 아니라 공동체의 차원에서 이해되기 시작했다. '교사학습공동체'나 '전문적학습공동체'와 같은 말은 이러한 상황에서 나온 것이다. 전문가로서의 교사는 혼자서 일하지 않는다. 그들은 협력과 연계를 통해 학교와 교실의 크고 작은 문제를 다룬다. 공동체에서 교사들은 수업에 대해 함께 고민하고, 문제가 있는 아이들을 어떻게 지도해야 할지 서로 머리를 맞댄다. 학교마다 혹은 학교 밖에서 공동체를 이루어 함께 하려는 노력을 찾는 것은 어렵지 않은 일이 되었다. 이 시대에서 말하는 전문성은 공동체적이다.

그렇다면 앞으로 교사들에게 요청되는 전문성의 특징은 무엇일까? 이에 대해 여러 가지 답이 가능하다. 그러나 지금껏 살펴본 내러티브의 관점에서 특히 '나는 이야기를 만드는 교사다', '우리는 우리의 이야기를 함께 만들어 간다'라는 말의 연장선상에서, 함께 만들어 온 이야기를 잘 정리하여 다음 세대로 이어지도록 하는 일은 앞으로 교사들에게 필요한 중요한 전문성 가운데 하나라고 할 수 있다. 우리의 이야기가 끊임없이 이어져 가기 위해서는 교사 공동체가 만들어 온 교육의 유산을 제대로 정리해 내는 것이 필요하다. 그리고 그것을 다음 세대에 전수해야 한다. 그 이야기는 교사들의 수고와 땀, 시간과 공간이 빚어낸 정수essence이기 때문이다.

어떻게 전수할 것인가?

다음 세대에 우리의 이야기를 전수하는 방법은 무엇일까? 당연한 이야기겠지만 이야기를 전수하기 위해서는 우선 좋은 이야기를 만들어야 한다. 좋은 이야기는 입에서 만들어지는 것이 아니라 삶으로부터 나온다. 그러므로 교사는 우선 가르침과 배움에 대한 진정성 있는 삶을 살아가야 한다. 삶의 진정성 그 자체가 좋은 이야기를 만드는 방법이다.

또한 교사는 공동체를 이루어 연합하고 협력할 때 다음 세대에 전수할 이야기를 보다 효과적으로 만들 수 있다. 나의 이야기가 모여 우리의 이야기가 만들어지긴 하지만, 거꾸로 우리의 이야기는 '나의 이야기들의 합'이 아니다. 공동체가 만드는 이야기는 교사 개인이 생각할 수 없는, 보다 높은 차원의 생각을 담게 된다.

교사 공동체의 교사들은 이렇게 만들어진 이야기들을 여러 가지 방법으로 전수하기 위한 노력을 해 왔다. 그것은 공동체의 실천을 실천으로 두지 않고 그 과정을 다양한 방법으로 남기려는 노력이었다. 어떤 교사들은 '수업 나눔'이라는 이름으로 온라인 공간에서, 그리고 얼굴을 맞댄 모임에서 경력이 많지 않은 교사들을 초대하여 그들의 수업

이야기를 들려주었다. 또 어떤 교사들은 교육 경력이 3년 이하인 교사들을 위한 모임을 만들고 선배 교사들을 초청하여 시간과 경험이 빚어낸 소중한 이야기를 경청하기도 했다.

또한 '위기에 처한 교사 도움 프로젝트 WWU(walking with us)'라는 이름으로, 수업과 생활 지도에 총체적인 어려움을 겪고 있는 한 명의 교사를 위해 여러 명의 선배 교사들이 다각적인 지원을 하면서 그 모든 과정을 기록으로 남기는 교사들도 있었다. 함께 책을 읽고 소감문을 남기기도 했으며, 또 어떤 이들은 다양한 고민과 성찰의 글들을 월간지의 형태로 펴내기도 했다.

이렇듯 '우리의 이야기'를 전수하는 행위는 저마다 다른 모습을 하고 있다. 교사는 그들의 이야기를 남기고 전수하기에 가장 적합한 방법을 알고 있다. 주제에 따라 상황에 따라 가장 적절한 방법을 택하여 '우리의 이야기'를 만들고 기록으로 남긴다. 여기에는 나의 이야기, 너의 이야기, 그리고 우리의 이야기가 들어 있다.

학교에 희망이 없다고들 이야기한다. 주변에는 학교교육을 비난하는 목소리가 넘쳐난다. 그러나 이토록 암울한 시대 속에서도 우리는 교육의 희망을 이야기해야 한다. 가르침과 배움의 의미에 관한 이야기를 함께 나누고 다음 세대의 아이들과 교사들에게 흘러가도록 하

자. 여전히 우리에게는 그럴 만한 이유와 가치가 있다. 그러므로 전문성을 가진 교사는 다음과 같이 이야기해야 한다.

"우리는 우리의 이야기를 다음 세대로 이어간다."

나눔을 위한 질문

내가 가르치는 아이들에게 가장 들려주고 싶은 이야기는 무엇인가? 시간이 흘러 후배 교사가 나의 교직 생활에 대해 궁금해 한다면 꼭 들려주고 싶은 이야기는 무엇인가?

4장

글이 살다, 그리 살다

4장 글이 살다, 그리 살다

자신의 삶을 기록하게 되면 교사의 가르침에는 크고 작은 변화들이 일어난다. 왜냐하면 교사의 글쓰기는 다음과 같은 의미를 가지고 있기 때문이다. 기록한다는 것은

- 삶의 파편과 생각의 조각들을 하나로 모으는 행위다.
- 교사로서 나의 삶을 되돌아보려는 의지의 표현이다.
- 나에게 있었던 다양한 일에 의미를 부여하는 일이다.
- 내가 경험한 것들로부터 가치를 발견하는 과정이다.
- 다른 사람들과 나의 이야기를 공유하기 위한 준비 과정이다.
- 발견한 가치를 바탕으로 가르침의 방향성을 조정하는 일이다.

그러므로 교사의 삶의 기록은 단순한 '글쓰기' 이상의 의미를 지닌다. 그것은 교사라는 이름으로 아이들 앞에 섰던 시간을 되짚

어 보는 일, 아이들을 거울삼아 교사로서 자신의 모습을 비추어 보는 일, 그래서 가르침과 배움이라는 이름으로 일어난 크고 작은 일들에 숨겨진 의미를 발견하고 새롭게 의미를 부여하는 일이다. 그러므로 교사가 자신의 삶을 글로 기록할 때, 겉으로는 아무런 일도 일어나지 않는 듯 보여도 글을 기록하는 동안, 더 정확히 말하면 가르침과 배움의 경험을 다시 불러들이는 동안, 그의 머리와 가슴에는 새로운 창조가 일어난다.

기록하기와 공유하기, 어떻게 실천할 수 있을까?

기록하기

① 꾸준히 쓰기. 일주일에 한 번도 좋고, 열흘에 한 번도 좋다. 다만 할 수 있는 한 규칙적으로 꾸준히 쓰는 것이 좋다. 이렇게 쓴 글이 쌓여 한참의 시간이 흐른 뒤 글을 다시 읽게 되면 여러 가지 생각과 감정이 든다. '그때 이런 일이 있었지' 하는 생각도 들고 어느새 조금 변화된 아이의 모습이나 한 뼘 자란 나의 모습을 발견할 수도 있다. 이렇게 되기 위해서는 자신의 삶을 꾸준히 글로 기록해야 한다.

② **되도록 짧게 쓰기.** 꾸준히 쓰려면 글쓰기 자체가 부담되어서는 안 된다. 따라서 글은 되도록 짧아야 한다. A4 한 장을 넘기지 않아도 괜찮다. 있었던 일을 간단하게 기록하고 자기 생각과 감정을 덧붙이면 좋다. 온라인 공간에 글을 쓰는 경우, 사진을 한두 장 곁들이면 매우 좋은 기록이 된다. 때로는 긴 글보다 사진이 더 많은 것을 이야기해 줄 때가 있다. 다만 이 경우, 아이들을 포함한 타인의 초상권을 침해하지 않도록 주의해야 한다. 아이들의 얼굴보다는 작품이나 학습 결과물이 담긴 사진 등을 덧붙이거나 글의 공개 범위를 적절히 조정하는 것이 좋다.

③ **힘을 빼고 쓰기.** 꾸준하게 쓰려면 거기에 많은 시간과 노력을 들여서는 안 된다. 주로 무엇이든 잘하거나 잘하려고 하는 교사들은 글마저 잘 써야 한다는 부담을 가질 때가 있다. 나중에 다른 사람들에게 글을 공유해야 할 일이 있다면 이런 부담은 더 커진다. 그러나 기록하기가 이렇게 부담스러운 일이 되면 얼마 가지 못한다. 내 기록은 반드시 감동적이어야 할 필요도, 극적인 사건이나 결말이 있을 필요도 없다. 그저 있었던 일을 진솔하게 기록하는 것이 좋다.

④ **나에게 가장 잘 맞는 방법 찾기.** 어디에 어떻게 써야 꾸준히 기록할 수 있는가는 본인이 가장 잘 안다. 자신에게 꼭 맞는 좋은 노

트와 펜을 늘 가지고 다니는 사람이 있는가 하면 핸드폰에 메모를 남기는 것을 좋아하는 사람도 있다. 어떤 교사는 블로그나 SNS에 수업 일지를 올린다. 온라인 공간은 글과 사진을 올리기 수월하고 공개의 범위를 조절할 수 있다. 그래서 자연스럽게 다른 이에게 자신의 글이 공유되기도 한다. 또 어떤 교사는 누구나 사용하는 메신저 프로그램에 '자기와의 대화'로 글과 사진을 남긴다. 여러 방법의 공통점은 접근이 쉬워야 한다는 것이다. 그래야 오래 지속될 수 있다. 그것이 무엇이든 교사로서 자기 삶의 자취를 꾸준히 기록하는 사람들은 자기에게 가장 잘 맞는 방법 혹은 공간을 하나씩 꼭 가지고 있다. 그 방법으로, 바로 그 공간에 기록하기 시작하면 된다. 자신에게 가장 익숙한 방법으로 삶의 자취를 꾸준히 기록하고 있는 어떤 교사는 아래와 같이 말한다.

"학교라는 공간은 참 신기한 곳이다.
해마다 비슷한 일을 하게 되지만 그 속에 담긴 사람과
스토리와 빛깔이 참 다르다. 때문에 순간의 소중함을 알게
되고 밝게 빛나는 그 빛을 영원히 담아둘 수 없기에
기록이라는 걸 열심히 하게 된다.
지난날의 그 흔적을 통해 그날의 감동을 회상하며

빛바랜 추억에 잠기게 되고, 그래서 더욱더 감사를 알게 되고, 그리움을 알게 되고, 새로운 설렘을 알게 되는 곳이다."

한 가지 짚고 넘어가야 할 것은 글쓰기 자체가 목적이 아니라는 점이다. 글로 기록하는 것은 어디까지나 교사가 자신의 가르침을 되돌아보기 위한 수단이다. 그리고 이를 터전으로 삼아 앞으로 나아갈 방향을 정하고 조정하기 위함이다. 그러므로 교사는 글쓰기가 아니라 가르치는 일에 우선순위를 두어야 한다. 글쓰기는 가르침을 돕기 위함이다.

공유하기

그렇다면 어떤 방법으로 글을 공유할 수 있을까? 글을 공유하려면 우선 대상이 있어야 한다. 자신이 속한 모임이나 공동체가 있다면 거기서 '기록과 공유'를 제안할 수 있다. 그 모양새는 다양할지라도 효율적인 공유를 위해 가급적 다섯 명을 넘지 않는 것이 좋다. 이렇게 모인 자리에서 다음과 같은 방법으로 각자 쓴 글을 공유할 수 있다.

① 자기의 글을 소리 내어 읽기. 한 사람이 먼저 자기의 글을 소리 내어 읽는다. '소리를 내어' 읽는 것이 매우 중요하다. 글을 자신의 목소리로 읽게 되면 관련된 경험이 다시 한 번 살아나면서 그것을 쓸 때와 또 다른 생각이 머릿속에 일게 된다. 글을 쓸 때 성찰이 일어나지만, 소리 내어 읽을 때 또 다른 차원의 성찰이 일어나는 것이다. 듣는 사람도 마찬가지다. 다른 이의 글을 눈으로 읽는 것과 직접 그 사람의 목소리로 듣는 것 사이에는 확연한 차이가 있다. 글을 통해 그의 삶이 다시 한 번 눈앞에 펼쳐진다. 소리 내어 글을 읽을 때, 쓴 사람이나 듣는 사람 모두 그렇게 하지 않을 때 결코 경험할 수 없는 일을 경험할 수 있다.

② 읽은 글에 관한 생각 나누기. 이 과정은 '기록하고 공유하기'의 핵심이자 모든 절차의 결정체이다. 일반적인 공유 방법은 다음과 같다. 글을 쓴 사람이 소리를 내어 자신의 글을 읽은 후 함께 한 사람들은 듣는 동안 들었던 생각이나 감정을 편하게 이야기한다. 궁금한 것이나 이해를 돕기 위해 질문을 할 수도 있다. 글쓴이는 질문에 답변도 하고, 글에 다 담지 못했던 이야기를 할 수도 있다. 다만 다른 이의 글에 섣부른 판단을 내리거나 충고하지는 말자. 어떤 이야기를 하더라도 받아들여질 수 있는 '안전한 공간'을 만드는 것이 중요하다.

이렇게 간단한 방법이 빚어내는 힘은 예상을 훨씬 뛰어넘는다. 경험해 보지 않고는 결코 알 수 없는 성찰과 감동이 있다. 글을 읽고 난 뒤 그에 대한 생각을 나누게 되면 글은 더 이상 글쓴이의 소유에 머무르지 않는다. 그것은 '우리의 이야기'가 된다. 교사라면 누구라도 비슷한 경험을 통해 비슷한 생각과 감정을 갖게 되는 동시에, 각자 처한 상황과 환경이 다르기 때문에 비슷하면서도 다른 말과 생각이 섞여 하나의 새로운 이야기가 만들어진다.

③ 위 과정 반복하기. 한 사람의 글을 읽고 그에 대한 생각을 나누었다면 이제 다음 사람의 글로 넘어가 위 과정을 반복하면 된다. 글에 대한 생각을 나누는 시간은 구성원의 수에 따라 얼마든지 조정할 수 있다. 다만 전체 시간이 한 시간을 넘지 않는 것이 좋다. 공유하는 과정 또한 부담되지 않아야 자주 혹은 꾸준히 할 수 있다.

기록하기		공유하기
• 꾸준히 쓰기 • 되도록 짧게 쓰기 • 힘을 빼고 쓰기 • 나에게 가장 잘 맞는 방법 찾기	▶	• 자기의 글을 소리 내어 읽기 • 읽은 글에 대한 생각 나누기 • 위 과정 반복하기

교사가 자신의 글을 공유한다는 것은 단순히 기록을 보여주거나 소리 내어 읽는 것에 머물지 않는다. 그것은 자기 삶의 일부를 공동체의 동료에게 드러내어 보이는 일, 가르침의 과정에서 예기치 않게 일어난 실수와 실패에 대해 인정하는 일, 환희와 기쁨의 순간을 함께 누리는 일이다. 글과 함께 삶이 공유된다.

글이 살다, 그리 살다

삶을 기록하고 공유하는 일은 어찌 보면 매우 힘든 일일 수 있지만, 사실 그 과정은 매우 간단하다. 이 장에서 소개한 기록과 공유의 방법은 다음 네 단계로 요약된다.

- **글쓰기**: 일상의 기록을 진솔하게 기록하기
- **이야기 나누기**: 공동체 혹은 가까운 동료 교사들과 공유하기
- **살아가기**: 공유하며 얻게 된 생각, 의미를 토대로 살기
- **다시 글쓰기**: 삶의 일상을 다시 기록하기

그런데 네 단계 각각의 첫 글자를 따로 떼어 놓고 보면 '글.이.살.다'라는 새로운 말이 만들어진다. 마치 숨어 있던 암호를 찾은 듯하다.

- · **글**쓰기
- · **이**야기 나누기
- · **살**아가기
- · **다**시 글쓰기

  교사의 글이 다른 교사들과 공유될 때, 나의 이야기가 다른 사람의 이야기와 어우러져 우리의 이야기로 나아갈 때, 글이 살아난다. 교사의 삶이 텍스트로 압축되었다가도 다른 교사들과 함께 나누어지고 그 속에 담긴 의미를 함께 찾아갈 때, 글은 새롭게 살아난다.
  새해가 시작되고 여느 때처럼 교육실천페스티벌이 다시 열렸다. 이 모임을 통해 지나간 한 해 각자의 자리에서 혹은 공동체로서 묵묵하게 걸어온 길, 질문하고 고민하며, 실천하고 연구했던 교사들의 삶을 함께 되돌아보는 기회가 주어졌다. 그 여정은 '글.이.살.다'라는 말로 요약될 수 있었다. 그리고 우리말의 묘미를 살려 '글이 살다'와 발음이 같은 '그리 살다'를 덧붙여, 앞으로도 그렇게 교사로서의 길을 함께 걸어가자고 다짐했다.

"글이 살다, 그리 살다."

가르침의 의미에 관한 교사들의 이야기

교사가 공동체를 통해 가르침에 대해 함께 고민하는 것은 어떤 의미가 있을까? 그 핵심은 다음 세 문장으로 요약될 수 있다.

- 나는 이야기를 만드는 교사다.
- 우리는 우리의 이야기를 함께 만들어 간다.
- 우리는 우리의 이야기를 다음 세대로 이어간다.

이제 이러한 생각을 바탕으로 교사들이 직접 기록한 교실 현장의 생생한 이야기에 눈을 돌릴 차례다. 여기에 소개된 글들은 교실 안팎에서 벌어지는 크고 작은 사건에 대한 개인적인 기록이다. 그리고 공동체를 통해 함께 공유된 글이기도 하다.

교사의 글은 우리에게 "가르침의 의미는 무엇인가?"라는 질문에 대한 답을 들려준다. 교사의 글과 삶이 말하는 가르침이란,

- 온전한 관계를 맺는 것이다.
- 책임을 다하는 것이다.
- 들여다보는 것이다.
- 귀 기울이는 것이다.
- 새로운 세상을 보여주는 것이다.
- 삶의 희망을 노래하는 것이다.

한 번 읽었을 때 곧바로 진한 감동을 주는 글을 쓰거나 찾는 것은 어렵지 않다. 그러나 그런 글들을 애써 찾아 담으려 하지 않았다. 이제 만나게 될 글들은 그저 교사 공동체의 정기 모임을 위해 기록되고 그곳에서 공유된 글이다. 그러므로 이 글의 힘은 교사의 삶이 지닌 '일상성'에 있다. 특별해 보이지 않는, 오히려 반복되는 일상 속에 진정한 힘이 들어있다. 교사는 평범한 일상의 삶을 묵묵히 살아가기에 위대한 존재다. 그러므로 가르침에 관한 교사의 이야기는 '평범함이라는 위대함의 역설'에 대한 기록이다.

나눔을 위한 질문

최근 우리 교실이나 학교에서 있었던 일을 간단하게 적어보자.
보람된 일도 좋고, 어려웠던 일도 좋다.
그 일을 겪으며 나에게 들었던 생각을 진솔하게 기록해 보자.
모임의 동료 교사와 글을 읽고 서로의 생각을 이야기해 보자.

5장

온전한 관계 맺기

5장 온전한 관계 맺기

가르침이란 관계를 맺는 것이다. 그 관계는 온전함을 향한다. 교육에 대해 진지하게 고민하는 교사들은 아이들과 맺는 관계가 '온전함'으로 나아가길 기대한다. 온전한 관계가 온전한 가르침과 배움을 가능케 한다. 그러나 그들이 말하는 온전함이란 완전함이 아니다. 아무런 문제가 없는 관계는 없다. 불완전한 존재인 사람이 맺는 관계에는 한계가 있을 수밖에 없다. 그저 한 걸음 더 나은 모습으로 더 깊은 관계를 향해 묵묵히 걸어갈 뿐이다. 가르친다는 것은 완전할 수 없음을 인정하는 겸손을 바탕으로 관계의 온전함을 향해 걸어가는 것이다.

지금부터 만나게 될 네 개의 글은 가르침을 통해 온전한 관계를 맺고자 하는 교사들의 이야기다.

이야기 하나. 관계는 말에서 시작한다.

교사는 한 해 동안 아이들과 함께 살며 아이들의 성장에 가장 큰 영향을 미친다. 우리는 교실이나 학교 공간 등에서 서로 눈을 마주치고 몸을 부대끼며 이야기를 나눈다.
그중에서 마음을 가장 많이 주고받는 도구는 말이다.
우리는 말을 나누면서 교육하기에 교육에서 말만큼 중요한 것도
없을 것이다. 말은 생각을 소리, 낱말, 문장으로 표현하고,
느낌을 억양이나 분위기 등으로 나타낸다. 어떤 말을 어떻게
주고받느냐에 따라서 관계가 달라지고 살아가는 모양이
바뀌기 때문에 지혜롭게 말하거나 기지 있게 말하거나
유머러스하게 말하거나 용기 있게 말하거나 하는 그 사람의
말하는 모습으로 '그는 이러한 사람이다'라고 일컫고 그에
걸맞은 대우를 한다. 물론 행동이 따라준다는 전제하에.
교사는 아이들과 말을 한다. 말을 주고받는다. 소통한다.
함께 살아가는 지속성 때문에 단지 단어의 선택뿐만 아니라
말의 느낌이나 태도에도 영향을 받는다.
뉘앙스, 의도, 눈빛, 숨기는 것과 드러나는 것들이 말 속에
다 포함되어 있고 말과 함께 들린다. 이것들이 얼마나
들리고 보이느냐에 따라 눈치가 있거나 예민하거나 감각이
있는 사람인지 알 수 있다.

말로 교실 속 관계가 맺어지고 맺어진 관계를 바탕으로
또 다른 무언가가 만들어진다.

교실에서의 상황은 그 교실 속의 사람들이 만들어 내는
것이라 어느 정도 한정되어 있지만 어떤 말을 주고받느냐에
따라 이후 이어지는 상황은 천차만별이다. 여기서 가장
중요한 변인은 '말'이다. 그렇다면 우리는 어떤 말을
주고받고 있을까. 주고받는 이야기를 대화글이라고 하고
박문희 선생님은 '마주이야기'라고 했다.
우리는 어떤 마주이야기를 하고 있을까?

- 아이가 숙제를 안 해왔다.
  - 너 왜 숙제 안 했어?
  - 깜빡했어요.
  - 깜빡하면 다야?

- 아이가 숙제를 안 해왔다.
  - 숙제를 못 했구나.
  - 네.
  - 뭐 바쁜 일이 있었나? 내일까지 해와.

- 아이가 숙제를 안 해왔다.
    - 숙제 안 했어?
    - 네.
    - 규칙대로 쉬는 시간에 청소!

- 아이가 숙제를 안 해왔다.
    - 너 왜 숙제 안 했어? 이게 도대체 몇 번째야?
    - 어제 가족들끼리 어디 갔다가 집에 늦게 와서 못했어요.
    - 됐어, 너 오늘 수업 마치고 남아.

- 아이가 숙제를 안 해왔다.
    - 숙제 안 했구나.
    - 네.
    - 오늘 늦더라도 남아서 숙제하고 가거라.

- 아이가 숙제를 안 해왔다.
    - 숙제는?
    - 안 했는데요?
    - 왜?
    - 깜빡했어요.
    - 너 뭐 하는 애냐?
    - 뭐가요?
    - 내 말이 말 같지 않아?

숙제를 안 해온 사건 하나에도 정말 많은 말들이 생겨났다. 많은 말들마다 분위기가 사뭇 다르다. 한 상황으로 생겨날 수 있는 경우의 수는 다양하다. 거기다 글에 보이지 않는 뉘앙스라는 것도 변인이 되니 무한하다는 표현이 맞을 것이다. 말에 의해 대화가 달라지고 상황이 바뀌고 분위기도 달라지며 느낌도 생각도 달라진다. 그렇다면 말만 잘해도 행복한 교실을 만들 수 있지 않을까.

그런데 같은 상황에서 교사의 말은 왜 이렇게 서로 다를까. 같은 교사라도 다를 수 있다. 물론 아이의 대답도 중요하지만 주로 대화의 주도권을 가진 교사에 의해 경우의 수를 따지는 게 맞을 것이다. 이 다양한 경우의 수 만큼 아이들이 배우는 것이 다르고 이 대화가 발생한 이후에 생겨나는 둘의 관계도 다르다. 심지어 '하라'는 단어도 해, 해라, 하여라, 하거라, 하지?, 안 할래?, 해라 좀, 해 알겠어?, 하는 것이 어때? 등 다양하다. 말의 다양한 만큼 사실 관계도 미세하게 다르지 않을까 상상해 본다.

어떤 단어를 골라 쓰느냐에 따라 대화가 달라지기 때문에 교사가 평소에 어떤 단어를 많이 쓰는지에 따라 상황을 예견할 수도 있을 것이다. 말이 잘못 나올 수도 있고 실수할 수도 있다. 내 생각엔 단어 하나가 주는 느낌대로 맞춰나가기보다 먼저 말실수부터 줄일 필요도 있어 보인다. 교사는 말의 중요성을 계속 떠올리고 상기하고 확인하고 다짐해야 한다. 왜냐하면 우리는 말로 먹고사는 직업 중에 하나인 교사이고 어쩌면 우리가 하는 그 말은 아이들도 먹고살게 할 것이기 때문이다.

한 아이가 숙제를 해 오지 않았다. 이 정도의 일은 교실에서 흔히 일어난다. 어떤 경우에는 그냥 지나칠 수도 있고 잘 타일러 다음에는 숙제를 해 오도록 격려할 수도 있다. 여러 가지 방식으로 훈육을 할 수도 있다. 다만 그 어떤 경우라도 교사의 말은 다음 대화, 그리고 그 다음에 이어질 아이의 행동이나 감정으로 이어진다. 그래서 교사는 자신의 말이 만들어 내는 관계에 주목하고 있다. 그렇게 보면 교사는 아이와 이야기를 하고 있지만 실제로는 관계를 만드는 중이다.

이렇듯 가르침은 관계를 바탕으로 한다. 가르치는 자와 배우는 자는 어떤 모습으로든 관계를 맺는다. 가르치는 사람이 없어도 무언가를 배우는 일은 가능하겠지만 이 경우에도 배우는 사람과 배움의 대상 사이에는 관계가 만들어진다. 가르친다는 것 그리고 무언가를 배운다는 것은 관계를 맺는 것이다. 가르침과 배움의 관계는 '가르치는 이의 말'에서 시작된다. 아이의 말이나 행동에 대해 교사가 어떻게 말하느냐에 따라 다음 대화의 진행이 달라지고, 그 말들이 모여 관계가 만들어진다. 이렇듯 말끝의 미묘한 차이에도 감정의 흐름과 변화가 담겨 있다.

레프 비고츠키Lev Vygotsky는 "하나의 단어는 인간 의식이 담긴 소우주다. A word is microcosm of human consciousness."라고 말했다. 우리가 사용하는 단어에 그 사람의 의식 세계가 담겨 있다는 말이다. 거꾸로 누군가 사용하는 말을 통해 우리는 그 사람이 살아가는 세상을 엿볼 수 있다. 교사의 경우도 다르지 않다. 교사의 말에 가르침이라는 작은 우주가 담겨 있다.

작은 것 하나라도 놓치지 않으려는 교사의 섬세함과 조심스러움이 묻어난다. 그것은 한 치의 말실수도 용납해서는 안 된다는 뜻이 아니다. 다만 말이 가진 힘을 유념해야 한다는 것이다. 교사의 말이 아이들을 살리기도 반대로 죽일 수도 있기에 가르친다는 것은 이토록 조심스러운 일이다. 세심함을 요구하는 일이다. 교사의 언어는 그 조심스럽고 세심한 일의 첫걸음이다.

이야기 둘. 온전한 나로 살아가는 것

임용고시 삼수를 거쳐 교사가 되었다. 간절한 소망을 이루었지만 교사로서의 삶은 쉽지 않았다. 수업, 생활 지도, 업무, 관계 등 모든 것이 낯설고 어설펐다. 힘든 시간을 보내고 교직에 들어섰기 때문에 마음속엔 좋은 교사가 되고픈 열망이 있었다. 그러다 말과 행동이 거칠고 화가 나면 화산처럼 폭발하는 아이를 담임하면서 사직서를 내고 싶었다. 두렵고 고통스럽고 절망적이었다.

교사 모임에서 선배 교사와의 만남을 통해 아이들과 깊은 관계를 맺기 시작하고, 자연스럽게 아이들과 더 많은 추억과 시간을 나누게 되었다. 서로의 마음이 따뜻해지고 행복했다. 새로운 아이들을 만날 때마다 교사로서의 부담감과 어려움이 늘 있지만, 아이들과 관계를 만들어 나가며 수업, 학급 경영, 생활 지도 등에도 눈을 돌렸다. 그런데 어느새 중견 교사가 되면서 '나는 잘 가르쳐야 해, 학급을 든든하게 세워야 해, 그래야만 교사로서 부끄럽지 않은 삶을 살 수 있어.'라는 강박관념이 내 마음 밑바닥에 자리잡고 있었다.

온전한 나 자신으로 살아가는 것 – 요즈음 조금씩 생각이 바뀌어 가고 있다. 교사로서의 삶은 위에서 아래로 흐르는 물처럼 자연스럽게 온전한 나 자신으로 살아가는 것이다. 삶의 의미, 가르침의 의미, 그리고 나 자신은 어떤 사람인지를 살펴보면서 정체성을 세우는 것이 가치 있고 소중하다. 중견 교사로서 모범이 되어야 한다는 강박관념보다는 선물 같은 이 삶을 감사하게 여기고 진실하게 살아가는 것이 '교사 성장'이 아닐까 생각한다.

교사 성장의 교과서, 아이들 – 아이들은 교사 성장의 교과서이며 동역자다. 복잡다단한 감정을 안겨 주는 아이들, 사랑스럽기도 하고 얄밉기도 하고 감사하기도 하고 원망스럽기도 한 여러 가지 감정을 아이들과의 관계에서 주고받는다.

얼마 전 시내 학교에서 전학 온 여자아이가 있다. 유난스러운 행동으로 힘든 시간을 보냈던 아이, 마침 내가 아는 후배가 전 담임이라서 이야기를 전해 들었다. '후배도 무척 힘들었겠구나.'라는 생각이 들었다. 전학 오기 전날, 어머니와 상담을 했다. 자녀가 개구쟁이라는 것은 인정하지만, 한편으로 학교 교육에 대한 원망도 많았다. 전학 온 첫날부터 좌충우돌 다툼과 갈등이 일어났고 두 달이 되어가는 지금도 어려움이 많다. 그런데 참 희한하게도 아주 가끔씩 그 아이가 감동을 선물해 준다. 자폐성 소통장애가 있는 친구에게 수학 문제 푸는 것을 친절하게 가르쳐 주는 모습이 참 예뻐서 칭찬하며 노오란 모과 하나를 가방에 넣어 주었다. 내 마음이 환해졌다.

교사 성장의 울타리, 삶을 나누는 공동체 - 올해는 학교 식구들과 더 많은 시간을 함께 하고 있다. 나에게 탁구를 가르쳐 주시는 행정실 직원들은 우리 반 아이들이 참 좋아하는 분들이다. 아이들이 먹고 싶다고 조르는 홍시를 따주시기도 하고, 놀잇감이 필요한 아이들에게 물총을 만들어 주시기도 한다. 돌봄 전담 선생님, 통합 지원반 선생님, 영양 교사, 유치원 선생님, 특수아의 학습을 도와주시는 선생님과 가끔 수다를 떤다. 각자의 삶과 고민을 나누면서 가까워진 마음은 가르치는 삶에 생기를 더해 준다. 학교에서 일상을 함께 살아가다 보면 가치관의 차이에서 벌어지는 의견 충돌로 마음에 생채기가 생길 때가 있지만 삶을 나누는 공동체의 유익이 무엇인지 조금 알 것 같다. 교사 공동체에서 보고 듣고 배우고 나누는 이야기는 더욱 그러하다. 일상에 젖어 깜박 잊어버리고 살다가도 공동체 선생님들과 나누는 이야기와 삶은 내 마음의 방향을 세워 준다.

초임 시절에는 당장 눈앞에 보이는 일에 온통 신경을 빼앗겼다면, 시간과 경험이 쌓여감에 따라 교사에게는 보이지 않는 것을 볼 수 있는 눈이 생긴다. 학생들을 가르치며 그들과 더불어 살아가는 삶을 통해 무엇보다도 교사는 자기 자신을 발견한다. 수업을 통해 자기를 들여다보고 아이의 모습을 통해 자신을 알아감으로써 교사로 자리매김한다.

교사가 맺는 온전한 관계의 대상에 교사 자신이 빠질 수 없다. 모든 관계는 자신 스스로와 맺는 관계로부터 시작된다. 그러므로 교사로서 내가 좋아하는 것, 잘할 수 있는 것, 가치 있게 여기는 것, 사랑하는 것을 먼저 잘 알아야 한다. 뭐든지 잘 해내야 한다는 강박관념을 잠시 내려놓고 자신 있는 모습 그대로 받아들이기 시작할 때 교사는 비로소 자기 자신으로 존재할 수 있다. 가르침에 있어서도 일상적인 삶에서도 그렇다. 교사는 이렇게 나 자신과 스스로 맺은 건강한 관계 위에 학생과도 동료 교사와도 그리고 교실 밖 세계와도 온전한 관계를 쌓아 간다.

그러나 교사는 그가 속한 공동체, 그 공동체를 이루고 있는 다양한 사람들을 통해 비로소 나의 진정한 모습을 만들어 간다. 교사가 나 자신과 맺는 관계의 온전함은 결국 공동체를 통해 완성된다.

이야기 셋. 가정 방문 뒤에서

학교는 몇 안 되는 남자교사에게 모든 교사들이 기피할 만한 이른바 문제 학생을 숙명처럼 안긴다. 지난 2년간 거물급 문제 학생들을 맡아왔고 이젠 아예 대놓고 맡으랬다.
그런 내게 2월 말은 얼마나 끔찍한가?
3월이 되었고 문제를 일으킬 만한 눈에 띄는 아이들
세 명의 가정 방문을 2~3일이라는 빠른 시간 안에
계획했다. 새 학기를 시작하자마자 갑작스런 연락을 받은
학부모님은 당황하지만, 가정 방문은 아이들이 어떤 문제를
일으키기 전에 이루어져야 효과적이기도 하고 학기 초에는
그 아이들도 새로운 마음가짐으로 애를 쓰니 칭찬거리를
찾기도 좋다.
하교 후 아이와 함께 집으로 간다. 아내가 손수 구워준

떡케이크를 손에 들고 가니 천군만마를 얻은 듯이 당당히 나선다. 유명한 이 아이에 대해서는 이미 알고 있지만 학부모 앞에서는 모른 척한다. 이미 아이와의 실랑이로 지칠 대로 지친 학부모님은 아이의 허물을 대부분 이야기한다. 그런데 그 이야기의 결론은 두 가지로 나뉜다. 그럼에도 불구하고 희망을 품고 있다고 느껴지는 경우와 애써 봐야 소용없다고 느껴지는 경우다. 아이를 칭찬하며 가능성을 이야기하고 아이와 함께 다짐하며 집을 나선다. 방문을 마치면서 아이를 둘러싼 가정 환경에 대해 분석하거나 진단해 본다. 학부모 중 아버지는 아이를 포기하지 않고 있어 다행이다.

학부모의 입장에서도 그간 아이가 문제를 일으켜 민망해서 학교에 방문은커녕 연락도 못하다가 담임 얼굴도 보고 당부도 할 수 있어 좋아하는 듯하다. 학교 관리자나 동료 교사들은 요즘 가정 방문 하는 교사가 어디 있냐며 담임 교사가 그렇게까지 애를 쓰고 있다는 점을 긍정적으로 평가한다.

가정 방문 이후에 그 아이에 대한 이해가 높아지는 것은

사실이다. 그런데 거기까지다. 내게 가정 방문은 나중에
문제가 생겨 탈이 나더라도 면피할 수 있는 예방 주사일
뿐이다. '담임 교사로서 가정 방문까지 하고 더 어쩌라구.
할 만큼 했잖아.'라며 위안 삼는다. 아이에게 '내가 너를
알고 있으니 긴장해. 나, 너의 부모와도 친하다구.'라는
신호는 덤이다.

그간의 가정 방문은 '좋은교사운동'이라는 단체의 정책,
선배 교사의 조언에 따른 맹목적인 실천이 이루어졌기
때문에 그 의미가 교사인 나를 향하고 있다. 나는 『코르착
읽기』에서 말하는 한 사람의 감시자이며, 자기에게
사로잡힌 고발자, 통치자, 탐정, 지휘자에 그치고 있는
것이다. 나는 두려움에 떨고 있다. 생활 지도와 학급 경영을
제법 잘하는 중견 교사의 위치를 잃을까 전전긍긍하는
것이다. 지금의 가정 방문에 어떤 의미를 부여할 수 있을까?
가정 방문은 학부모와 아이, 교사가 관계 맺기 하는 것을
통해 서로의 삶을 들여다보고 소통할 수 있는 좋은 도구가
된다. 그렇다면 먼저 나의 학급 경영에 '불량한' 몸짓을
할 것으로 예상되는 아이를 가정 방문의 대상으로 정하는

것부터 바꿔야 한다. 학급 경영에 어려움을 주지 않는 말수가 적고 또래들과 어울리기를 힘들어하는 아이들도 대상이 되어야 한다. 중독에 심각하게 빠져 있거나 원인 모를 슬럼프를 겪는 아이들로 확대해야겠다.

『'가르친다는 것'의 의미』에서 반 매넌van Manen은 교육적 순간을 알아차리는 것은 교실을 이해하는 교사의 교육적 이해 방식이고, 교실에서 생활하는 교사의 생활 방식이라고 했다. 결국 학년 초에 거물급 학생을 가정 방문 대상으로 정해 두는 것이 아니라 교실 상황에서 학부모와 학생이 교사의 도움을 필요로 한다면 그 문을 여는 가정 방문이 되어야 한다. 그리고 아이들의 피드백을 확인하는 시간을 가져야겠다.

그렇다면 2학기에도 가정 방문은 이뤄질 수 있다. 물론 입시 준비로 정신없고 마음의 여유가 없다. 하지만 적어도 내 마음속에서 가정 방문은 예방주사에서 '이 아이를 어떻게 도울 것인가?'라는 주제의 문을 여는 실천 활동으로 변화되지 싶다.

온전한 관계를 맺으려는 교사의 노력은 급기야 학교 울타리를 넘어 가정에까지 미친다. 예전이야 가정 방문이 다반사였지만 요즘 가정 방문을 하는 교사가 얼마나 될까? 지금 같은 시대에 가정을 방문한다고 하면 오히려 온갖 오해를 받기에 십상이다. 문을 두드리는 교사에게나 문을 열어야 하는 부모 모두에게 가정 방문은 여간 부담스러운 일이 아니다.

교사도 가정을 방문하는 속마음을 가감 없이 보여준다. 그것을 자기 위안으로 삼거나, 훗날 다른 문제가 발생해도 할 일을 다 했다는 책임 회피용으로 생각했다고 솔직하게 고백한다. 무언가 감동적이거나 교육적인 이유를 내심 기대했다면, 그 기대와 살짝 다른 전개에 당황스러울지 모르겠다.

그러나 공동체 모임을 통해 가정 방문에 대한 교사의 마음에는 작은 변화가 생기기 시작했다. 여러 변화의 시점과 이유가 있겠지만 적어도 공동체에서 다른 교사들과 함께 읽었던 책에 그 비밀이 숨겨져 있음을 보여준다. 책을 함께 읽고 다른 교사들과 이야기를 나누는 과정에서 선생님은 그동안 본인이 해 왔던 가정 방문을 되돌아보게 되었다. 그리고 학년 초 문제아로 낙인찍힌 학생들의 가정을 방문해 왔던 것에서 그 대상과 시기가 확대되어야 한다는 생각에까지 미친다. 결국 교사는 가정 방문을 통해 더욱 성숙한 눈으로 학생들과의 관계를 바라보게 된 것이다. 온전한 관계를 맺으려는 노력을 통해 아이가 바뀐 것이 아니라 교사가 바뀌어 간다.

이야기 넷. 교사의 끓는점

샤브샤브를 먹으러 갔다. 야채를 가득 넣고, 육수가 끓기를 기다리고 있다. 한참을 기다려도 끓지 않는다. 그러다가 기포가 한 방울 두 방울 올라온다. 잠깐 이야기를 하다 보니 어느새 육수가 펄펄 끓고 있었다. 물이 끓기 위해서는 끓는점이 되어야 한다. 끓는점까지는 큰 변화가 없다가 어느 순간 물이 끓는다.
우리가 아이들을 바라볼 때 끓는점 이야기를 많이 한다. 특히 말 안 듣고 말썽을 일으키는 아이를 향해 내가 하는 많은 노력과 헌신이 아직 끓는점에 도달하지 않았고, 어느 순간 그 지점에 이르렀을 때 아이를 변화시킬 것이라고 스스로 위로한다. 실제로 그런 사례가 있기도 하다. 많은 교사들이 끓는점을 통해 많은 위로와 공감을 얻기도 한다.

작년 초등 1학년을 맡고 정말 힘들었지만 교사로서의 성장을 보는 것 같아 기쁜 마음으로 다시 1학년을 할 수 있었다. 3~4월은 맡길 잘했다고 생각했지만 5~7월은 나의 선택에 대해 의구심을 가졌다. 작년 아이들과 비교해서 잡히지 않는 분위기, 글과 그림의 수준을 사진으로 비교해 보면 차이가 난다. 끊임없이 투덜거리는 아이, 틱틱거리는 아이, 몇몇 아이들의 행동을 참기가 어려웠다. 아이들이 준비되지 않았다고, 끓는점이 되지 않았다고 생각했다. 그러다가 '끓는점이 아이에게만 있을까?'라는 생각이 들었다. 아니다. 교사 역시 끓는점이 있다. 아이와 진정한 관계를 맺고 아이의 삶을 이해하는 것이 교사로서의 끓는점이라면 아이들의 행동과 삶을 이해하지 못하는 내 모습은 아직 끓는점이 아닐 수 있다. 끓는점을 향해 가고 있는 아직 기포가 한두 방울 올라오는 물일 수 있다. 그동안 아이의 문제를 학생의 끓는점으로 보았다면 지금은 교사의 문제로 보고 있다. 교사인 내가 준비되어야 하는 것이다. 그렇다면 교사인 나는 끓는점을 올리기 위해 무엇을 해야 할까? 아이들을 이해하지 못하는 건 어찌 보면 아직 교사로서의 끓는점에 도달하지 못하고 있다는 것일 수 있다. 그 답 역시 샤브샤브에서 얻을 수 있다. 샤브샤브의 야채처럼 아이들과 함께 어울려야 하는 것이다.

어울린다는 것은 무엇인가? 그것은 관계에 달려 있다. 『코르착 읽기』에서는 '교사는 아동과 관계 맺기라는 문제에서 근본적으로 다른 자세를 취하지 않으면 안 될 것이다. 이는 어린이를 바라보는 안목이라는 점에서 내적 태도의 변화를 뜻하는 것일 뿐 아니라, 어린이들이 살아가는 삶의 세계를 그러한 과제를 지향하여 바꾸어내기 위한 사회적인 과제를 뜻하기도 한다.'라고 이야기한다. 단순히 바라보고 내적 태도를 바꾸는 것에 그치면 안 된다. 작년과 비슷하게 결국 관계로 귀결된다. 작년과 크게 다르지 않은 내 모습을 본다. 그렇다면 바꿔야 한다. 끓는점에 도달하기 위해 치열하게 고민하고 끊임없이 실천해야 한다.

"퇴근할 때 컴퓨터만 로그아웃하지 말고 교사도 로그아웃을 해야 한다." 공동체 모임 중, 한 교사가 써 온 글을 읽고 그에 관한 생각을 공유하는 과정에서, 다른 교사가 무심코 던진 이 말에 같은 그룹에 속한 교사들은 크게 공감했다. 교사가 아이들에게 더욱더 집중하기 위해서는 잠깐의 로그아웃이 꼭 필요하다.

그러나 퇴근 후에도 로그아웃을 제대로 하지 못한 선생님이 여기 있다. 밖에서 저녁을 먹는 순간에도 그 머릿속엔 온통 아이들 생각뿐이니 말이다. 눈앞에 끓어오르는 음식을 보며 아이들과의 관계를 떠올린다. 끓는점의 의미에서 아이들의 성장에 관한 통찰을 끌어낸 것이 놀랍다. 교사는 이렇게 일상의 삶에서도 아이들에 대한 마음의 끈을 놓지 않는다.

교사의 성찰은 많은 경우 아이들에게서 출발하여 우리 자신을 종착지로 삼는다. '되돌아봄'의 행위는 아이들에게서 자기 자신으로 이어지는 끈을 타고 돌아온다. 그래서 가르침은 아이들과 교사가 맺는 관계를 떠나 생각할 수 없다. 끓는점의 비유에서 알 수 있듯이 교사도, 아이들에게도, 그리고 둘 간의 관계에도 시간과 노력이 필요하다.

나눔을 위한 질문

교사로서 아이들과 맺고 싶은 관계는 어떤 모습인가?
'온전한 관계'라고 말할 수 있는 경험이 있었다면 기록해 보자.

6장

책임을 다하기

6장 책임을 다하기

교사의 가르침은 '책임을 다하는 것'이다. 교실은 교사의 손길이 닿아야 할 학생들의 다양한 필요로 가득하다. 우리의 책임도 그만큼 다양해졌다는 뜻이다. 그러나 변함없는 것은 한 아이를 향한 관심과 사랑이 없이는 그 어떠한 책임도 가능하지 않다는 사실이다. 교사로서 책임을 다하기 위한 첫걸음은 아이들 하나하나를 독립적이면서도 고유한 존재로 바라보는 것이다.

가르침을 통해 자신에게 주어진 책임을 다하고자 애쓰는 교사들의 이야기가 지금부터 시작된다.

이야기 하나. 가르치는 것은 책임지는 것이다

17개월 된 아이를 돌보는 일은 여간 힘든 일이 아니다. 걷는 것이 익숙해지고 움직임이 빨라져 활동 반경이 점점 커지기 때문이다. 집보다 더 재미있는 바깥세상의 존재를 인식하면서 심심하면 운동화를 들이민다. 밖에 나가자고 말이다. 잠시도 눈을 뗄 수가 없다. 손에 잡히는 것은 모두 움켜쥐려고 하고 입에 넣어 보려 하기 때문이다. 자아 욕구도 점점 커지면서 자기 마음대로 고집을 부리는 경우도 많아진다. 고분고분하게 불만 없이 목에 걸치던 식사용 턱받이도 스스로 풀어 던져 버린다. 부모는 조금씩 깨닫게 된다. '내 아이라도 내 마음대로 되지 않는구나.'라는 것을. 아이란 내 마음대로 되는 존재가 아니다. 그것을 깨닫고 인정하는 데 부모도 교사도 참 많은 시간이 걸린다.

내 마음대로 되지 않는 존재에게 할 수 있는 최선의 반응은 무엇일까? 화를 내거나 방임하고 싶은 유혹을 순간적으로 느낄 수 있을 것이다. 그러나 일반적으로 부모가 취하는 최선의 태도는 바로 끝까지 책임을 지는 것이다.

책임을 진다는 것은 무엇일까? 책임을 뜻하는 영어 단어 responsibility는 response(반응)와 ability(능력)의 합성어로 '반응할 수 있는 능력'이란 의미를 지니고 있다.

결국은 아이를 돕기 위한 반응, 곧 수고로운 노력을 끊임없이 멈추지 않는 것이 책임지는 것이다.

아이가 울때 그 마음을 들여다보며 위로하고 공감해 주는 것이고, 아이가 놀이 방식에 싫증을 느낄 때 원인을 고민해 보고 새로운 방법을 찾아 제시하는 것이고, 아이가 호기심을 가지고 끊임없이 '이게 뭐예요?'라고 물을 때 귀찮아하지 않고 끝까지 답하며 적극적으로 반응해 주는 것이다. 육아에 일가견이 있는 분께 육아 비법 두 가지를 전해 들었는데 첫째는 아이가 위험하거나 남에게 피해를 주지 않는 경우 아이가 원하는 것을 할 수 있게 해 주라는 것이고 둘째는 아이의 도움을 청하는 신호에 3초 안에 반응하라는 것이다. 둘 다 실천하기 쉽지 않은 원칙이다. 왜냐하면 부모가 뒷감당하기 벅차고 고생을 감수해야 하기 때문이다.

책임에 신실하게 반응한다는 것이 결코 만만치 않은 것 같다. 고대 헬라어에서 책임을 뜻하는 단어 φιλοπατρία(필로빠뜨리아)는 사랑, 감사라는 의미도 동시에 지니고 있다. 책임을 다하는 것이 곧 사랑하는 것임을 말해 준다. 아이를 가르친다는 것은 묻고 답하기 전에 먼저 끝까지 사랑하기를 선택하는 것이다. 우리의 가르침이

도중에 중단되는 경우가 있는데 그것은 우리 가르침의 시작이 사랑이 아니었음을 보여주는 것은 아닐까 싶다. 이로 보건대 가르치는 일은 내 마음대로 되지 않는 아이를 책임을 지는 일인데 이 책임은 지속적인 관심의 반응을 동반하는 일이며 끝까지 사랑함으로 수고하며 섬기는 일이다. 이런 책임을 다할 때 내 마음대로 되지 않는 아이는 어느 날 문득 알게 될 것이다. 자기가 받은 반응과 섬김이 누군가의 책임 있는 사랑이었음을. 그리고 결국에는 자기가 받았던 그 사랑에 대해 감사하며 책임지는 삶을 살아갈 수 있게 될 것이다.

글에는 글쓴이의 삶이 투영되어 있다. 육아 휴직 중인 남교사는 17개월 된 아이를 양육하며 부모로서 겪는 다양한 일로부터 교사로서의 마음가짐을 배운다. 아이가 자라는 것에 큰 책임을 지고 있다는 점에서 교사와 부모의 역할은 서로 닮았다. 교직도 결국 맡은 아이가 잘 자라도록 양육하는 일이다.

글에서 가장 눈에 띄는 부분은 '책임'이라는 단어에 대한 해석이다. 교사는 responsibility를 response와 ability로 나누어, 그것을 상대방에 반응하는 능력이라는 의미로 풀어내고 있다. 말로만이 아니라 교사가 이렇게 살아갈 때, 글이 말하기 전에 삶이 말을 한다.

그것이 크든 작든 간에 무언가를 책임진다는 것은 적잖이 부담스러운 일이다. 교사가 아이들의 인생을 책임져야 한다면 누구라도 선뜻 교사가 되겠다고 나서기 어려울 것이다. 그런데 이 글은 책임이라는 말의 무게를 한결 가볍게 하고 있다. 그저 아이들의 말에, 눈빛에, 그리고 행동에 잘 반응하는 것이 부모와 교사가 해야 할 책임이라면 시도해 볼 만하다. 물론 그 역시 '수고스러운 노력'이요, '결코 만만치 않은 일'일 수 있다. 그래도 부모라면 교사라면 이 정도의 수고는 감내할 만하다. 부모와 교사가 누리는 보람은 아이가 먼 훗날 '자기가 받은 반응과 섬김이 누군가의 책임 있는 사랑이었음'을 깨닫게 되는 것으로 충분하다. 아이에 대한 책임은 그의 말을 잘 들어주는 것에서 시작된다.

이야기 둘. 월권과 직무유기 사이에서

평소에도 교사인 나의 약을 바짝바짝 올리는 고 녀석.
잘못을 지적해도 죽어도 아니라고 우기는 고 녀석, 그러면서 자기만 갖고 그런다고 억울하다고 소리치는 고 녀석.

그 때문에 안 그래도 피일차일 언제 터질까 위태위태할
그 무렵이었다.

6월의 무더위가 기승을 부리는 어느 날, 1교시부터
운동장에서 체육을 하고 있었다. 아이들이 많이 더워하여
그늘진 곳에서 철봉, 그네 등을 활용해서 철인3종 경기를
했다. 줄넘기 줄이 있었고 아이들은 전속력으로 뛰고
있었기 때문에 흥분해서 뛰쳐나오면 언제든 부딪혀 크게
다칠 수 있는 상황이었다. 그래서 평소보다 조금 더 엄하게
규칙을 강조했다.

아이들은 너무 신나하며 게임에 몰두하고 있었고 그런
아이들은 보면서 나도 신나게 게임을 진행했다. 녀석은
이미 게임을 끝내고 정해준 선 밖으로 나오지 말라는
거듭 당부에도 불구하고 선을 넘어서 자신의 줄넘기 줄로
뛰어오고 있는 친구들이 걸려 넘어지게 장난을 치고 있었다.
한 친구가 녀석의 장난에 넘어질 뻔했고 나의 인내심도
바닥을 쳤을 찰나, 나는 녀석을 끌고 운동장 구석으로 갔다.
잘못한 기색은 거의 없고 재미로 그랬단다. 순간 이성을
잃고 히죽거리는 그 녀석을 필요 이상으로 크게 혼내고

말았다. 그렇게 1교시 체육시간은 나에게 큰 상처를 남기고
끝이 났다. '내가 이것 밖에 안 됐나?' 하는 생각에 자존심도
상하고, 자책감도 들었다. 나 스스로가 불쌍하게 느껴졌다.
'나도 배려 받고 싶은데… 내가 열심히 하면 너희들도
내 마음을 알아주겠지? 잘 따라와 주겠지? 그럴 줄
알았는데…' 내 뜻대로 안 되는 학급의 몇 녀석을 보면서
마음이 너무 힘들었다. 그렇게 주말을 보내고 월요일 첫
도덕 시간에 아이들에게 솔직한 심정을 고백했다. '나도
배려 받고 싶었다고. 그러지 못해서 너무 속상했다고.'
그렇게 시간은 흘렀고, 나는 고 녀석에 대해 약간 뒤로
물러나서 관조적인 자세를 취하고 있었다. 어느 날
수학시간에 조용히 문제를 풀고 있는 아이들 틈에서
"도와주세요!"라는 조금은 불안감이 섞인 목소리가 들렸다.
평소 고 녀석은 화통을 삶아 먹는 듯 엄청 소리 지르는
목소리이기 때문에 고 녀석은 아닐 거라 생각하며 소리
나는 쪽으로 가봤더니 예상 외로 고 녀석이었다. 그것도
매우 고분고분하고 겸손한 모습으로. 순간 고 녀석에 대한
내 안의 살얼음이 확 깨졌다. 내 안의 요동을 잠재우고

애써 태연한 척 "무엇을 도와줄까?", "이 수학문제를 잘 모르겠어요. 도와주세요." 그렇게 고 녀석에 대한 그동안 쌓인 묵은 감정들이 해소되는 듯 하였다. 그 후 알게 된 건 녀석의 말투나 행동은 나뿐만 아니라 어른들에게 반항하는 태도로 비쳤고 그래서 고약한 녀석이란 인상을 만들었다. 그리고 녀석이 컨디션이 안 좋을 땐 짜증이 엄청나게 심해졌고, 녀석과 같이 흥분하다 보면 나도 모르게 열이 받아 씩씩거리게 된다. 같이 흥분하지 않는 게 상책이었다.
 잘못할 때마다 그 아이를 다그치고 벼랑 끝으로 몰고 가서 그 아이를 고치려고 했다. 아니 고쳐야만 한다고 생각했다. 그런데 녀석은 오히려 나를 더 화나게 했다. 그래서 한 걸음 물러났다. 이래도 되나 싶을 만큼 멀리서 지켜만 보았다. 그랬더니 조금은 보이기 시작했다.
"우리는 돕는 자예요. 그 이상을 넘어서 뭔가를 고치고 바꾸려는 건 월권입니다. 그렇다고 뒷짐 지고 놔두는 건 직무 유기입니다. 최선을 다해 돕되 그 후는 맡기는 거지요. 고민하는 건 아주 훌륭한 겁니다."라는 스승의 말씀이 조금씩 이해되기 시작했다.

교사는 아이에게 아마도 애증의 감정을 느끼는 듯하다. 교사도 자신을 힘들게 하는 아이가 밉다. 그러나 역설적이게도 미움의 감정은 아이에 대한 관심에서 나온다. 글에 무려 열 번 이상 등장하는 '고 녀석'이라는 표현이 아이에 대한 선생님의 양면적인 마음을 잘 드러내 주는 것 같다.

선생님이 표현한 '고 녀석'은 '고약한 녀석'인지도 모른다. 교사는 '고 녀석'을 고치고 싶다. 그렇게 하다 보면 어느 순간 '아이의 잘못된 행동 하나, 말투 하나를 고치려 드는 것이 과연 맞는 일일까?' 하고 고민하게 된다. 교사의 책임은 과연 어디까지일까? 월권과 직무 유기라는 말에서 우리에게 주어진 책임에 경계선이 있음을 알 수 있다. 무관심에서 비롯된 직무 유기가 되어서도 반대로 관심이 지나쳐서 생기는 월권이 되어서도 안 된다고 하니 교사의 책임이라고 하는 것은 마치 아슬아슬한 줄타기와 같다.

넬 나딩스Nel Noddings의 말대로 가르친다는 것은 돌봄과 배려를 의미하지만 그것은 교사만의 책임이 아니다. 배려 받고 싶다고 토로하는 교사의 말에서 그가 느낀 서운함의 감정이 진솔하게 다가온다. 그리고 이어서 '고 녀석'이 조용한 목소리로 선생님께 도움을 청할 때 잠시 끊어졌던 교사의 마음과 아이의 마음이 다시 이어짐을 우리는 확인할 수 있다. 아이들에게 배려 받고 싶어 하는 교사의 고백과 아이가 자신의 부족함을 인정하고 교사에게 도움의 손을 내미는 장면에서 책임이 양방향의 것임을 깨닫게 된다. 교사에게만 책임이 있는 것이 아니라 아이에게도 책임이 있다. 교사를 존중해야 할 책임이 그것이다. 이 글에서 교사에 대한 존중은 다른 어떤 것이 아니라 '자신의 부족함을 인정하고, 도움을 구하는' 것으로 표현되고 있다.

글은 이렇게 마무리된다. "그런데 한 걸음 물러났다. 이래도 되나 싶을 만큼 멀리서 지켜만 보았다. 그랬더니 조금은 보이기 시작했다." 한 걸음 뒤로 물러나 아이를 지켜봤다는 것이, 그래서 조금은 보이기 시작했다는 것이 정확하게 어떤 뜻인지는 알 수 없다. 아마도 거리를 두고 아이를 지켜볼 때 그동안 보지 못했던 아이의 장점이 보이기 시작했다든지 아니면 예전 같으면 그냥 넘어가지 않았던 행동에 조금의 너그러움이 생겼다든지 하는 의미일 것이다. 어찌 되었든 교사는 책임이라는 이름 아래 자신의 권한의 선을 넘어 버린 것은 아니었는지 반대로 마땅히 해야 할 일을 하지 않은 것은 아닌지 돌아볼 기회를 얻었다.

우리에게도 스승이 필요하다. 교사는 가르치는 자이기 전에 배우는 자이기 때문이다. 가르침은 많은 에너지를 소진하는 일이다. 누군가를 가르칠 때 신체적, 정신적, 감정적으로 상상 이상의 힘이 든다.

따라서 교사에게도 가르침에 상응하는 배움과 공급이 필요하다. 윗글의 끝부분에 이 선생님의 선생님, 교사의 교사가 잠시 등장한다. 그의 말로부터 교사로서 책임을 진다는 것의 의미는 무엇인지 깨달음을 얻는다. 스승으로부터 말을 들었을 때 한 번, 그리고 자신의 삶으로 살아내면서 다시 한 번.

이야기 셋. 모든 아이는 천재다.

지민[7] 이는 곤충, 특히 장수풍뎅이와 사슴벌레에 대해 무한한 관심과 애정이 있다. 처음 1학년에 입학 후 몇 달 간 그림과 독서, 대화거리, 블록 만들기 등 지민이의 일상에서 곤충이 빠지는 적이 없었다. 집에서 기른 혹은 인근에서 채집한 장수풍뎅이를 학교에 가져와 보여 주기도 하고 글도 잘 못 읽는 녀석이 곤충 책을 탐닉하고 사진을 관찰한다. 행여나 다칠까 노심초사하며 돌봐 주는 모습이 흡사 엄마의 마음처럼

---

7 이하 교사들의 글에 등장하는 학생의 이름은 모두 가명

세심하고 따뜻하기까지 하다. 이 아이의 관심을 확장시켜주고 싶어서 현장학습을 곤충박물관으로 간 적이 있다. 아주 단편적이고 단순한 전시였지만 아이의 눈은 반짝였고 표정은 행복해 보였다.

학교 현장체험학습으로 물놀이를 갔을 때 찬우는 물 만난 고기처럼 물속을 누비며 자유롭게 다녔다. 저학년임에도 불구하고 고학년 형들도 제치고 잠수의 정석을 보여 주었다. 물에 대한 겁도 없이 여유로운 표정으로 마냥 즐겁기만 한 것이 아마 찬우는 조난을 당해도 거뜬히 버텨낼 수 있을 것이란 생각까지 들었다. 평소 친구들의 어려움을 쉽게 외면하지 않고 다가가는 찬우는 분명 누군가 물속에서 어려움을 만난다면 그냥 지나치지 않을 거란 생각도 하게 되었다.

고등학생인 이삭이는 음악을 참 좋아한다. 타고난 절대 음감은 아닌 것 같지만 어려서부터 음악을 좋아하고 자주 접할 기회를 가지다 보니 음감도 꽤 괜찮다. 방학이면 일어나고 잘 때까지 음악 듣고 악보를 찾아보고 기타연주를 연습하기도 한다. 그것이 지루하지도 않은 것 같다.

유튜브에는 직접 만날 수 없는 고수들이 많아 연주를 들을 때마다 감탄과 동경과 도전 의식을 갖게 된다. 그러다보니 학교나 교회의 행사에서 기타 연주를 맡을 기회도 곧잘 생긴다. 이삭이는 음악을 통해 자기 자신에 대한 긍정적인 생각을 지속적으로 촉진할 수 있었고 어릴 적 있었던 학교폭력의 상처를 극복하는 마음의 힘을 기를 수 있었다. 이 아이들이 커서 무슨 일을 하며 살게 될지 떠올려 보자. 입가에 미소가 떠오르며 좋아하는 일을 하며 행복하게 사는 희망적인 그림을 그려보게 되지 않은가? 우리 사회가 그리 녹록지 않음을 간과한 채 너무 단순하고 무지하게 생각하는지 모르지만 적어도 그리 살 수 있기를 희망하며 기대하게 된다.

하지만 이 아이들에게는 암울한 공통적인 단서가 하나 있다. 바로 학습 부진이다. 이 단서를 접하자마자 아까 떠올린 상당수 사람들의 희망적인 그림이 더 많이 구겨지지 않았을까. 적어도 우리나라에서 학습 부진이란 다른 모든 재능을 덮어버릴 수 있는 강력한 힘을 가지고 있는 것 같다. 대학 입시와 성적에 종속된 우리 사회가 만든 기이한 힘이다.

국어사전에 찾아보니 부진이란 어떤 일이나 그 일을 해 나가는 힘 등이 활발하지 못하고 달린다는 의미란다. 이런 의미로 보면 어떤 일이든 무슨 상황이든 부진은 일어날 수 있는, 아주 일반적인 현상이다. 그런데 교사로서 부진이란 말을 관용어처럼 특별히 쓰는 경우가 바로 학습 부진이다. 보통 국어 부진, 수학 부진 등 특정 과목의 성적이 좋지 않다는 의미로 많이 사용한다.

보통 음악 부진, 미술 부진, 체육 부진, 실과 부진은 그리 심각하게 생각하지 않는다. 하지만 국어 수학은 (때로 영어, 사회, 과학도) 학년 초에 반드시 부진을 판별해 내서 일년 내내 예의주시하고 지원해주어야 한다고 국가가 나서고 있다. 아이가 훗날 자신의 잠재력을 발견하고 공부하고 살아갈 때 필요한 기본적인 능력을 국어 수학이라 여기나보다. 3Rs[8]는 어쩌면 아이가 먹고 소화시키는 문제처럼 아주 기본적인 생존 조건이라 생각하는 것 같다.

---

8 3Rs : 읽기(reading), 쓰기(writing), 셈하기(arithmetic).

일부 동의되는 부분이 있어 초등교사인 나는 1학년때 한글 교육과 수 감각 교육만큼은 꼭 제대로 해서 진급시키고 싶다는 생각을 했다. 그래서 일주일에 몇 번씩 보충지도하기도 하고 다른 아이들 놀 때 하는 공부라고 싫어할까봐 아이와 끊임없이 밀당을 했다. 때로 아이나 그 부모가 동의하지 않아 정기적인 지도 시간을 내지 못할지라도 수업 시간에는 늘 그 아이에게 신경을 곤두세우고 감시 아닌 감시를 하게 된다. 저학년 때 부진 학생은 기본적인 감각 부족으로 고학년이 되어도 부진 학생으로 다시 선정되기 일쑤다. 그 때문에 아무리 교사와 래포를 형성하고 진심으로 존중받는다 해도 내가 공부 못하는 아이라는 생각은 교사의 일방적인 주목 속에서 결국은 깊이 각인되고 만다. 거기서 아이들은 국어나 수학 능력보다 더 중요한 자존감이나 자기 효능감에 상처가 나는 것을 보면 참 마음이 아프다. 3Rs가 정말 없어서는 안 될 자기 가치에 대한 생각과 바꿔도 될 만큼 중요한 능력인지 의문이다.

모든 사람은 각자의 색깔과 능력을 가지고 태어났다. 설령 장애가 있다 해도 그는 그에게 주어진 색깔대로 이 땅에서

얼마든지 조화롭게 살아갈 수 있어야 한다. 우리가 쉽게
마이너스로 보는 것들이 플러스도 마이너스도 아닐 수 있다.
누군가의 마이너스는 다른 누군가의 플러스와 퍼즐을 맞추는
데 사용되는 것을 삶 속에서 경험하게 되지 않는가.
그런데 언제부터인가 서로 다른 개인들이 모여 완벽한
공동체를 향해 성장해 가는 게 삶이라고 생각하지 않는 것
같다. 그동안 사람들은 각자 가진 능력에 따라 각자의 쓸모를
규정했다. 쓸모를 생각하다 보니 많은 사람이 속한 일반적인
범위를 정상이라고 말하며 정상에서 떨어지는 것은 부진이라
한다. 부진이란 것은 쓸모없는 불편한 것이니 정상으로
끌어올려야 한다. 이런 생각들은 어쩌면 사람과 사람의
다름에서 오는 불편함을 약한 자에게 해결해 내라고 떠넘기는
비겁함은 아닐까. 교사는 오히려 많은 정상인과 소수의
탁월한 인재가 이웃의 부진함을 서로 돕고 채워 주라고
가르쳐야 하지 않을까. 원치 않는 일방적인 호의는 상대에게
상처를 준다. 부진으로 인해 아이 스스로 불편함을 느끼기도
전인데 지나친 친절과 책임감으로 다가가는 부진아 지도는
어쩌면 아이 인생에서 너무나 큰 폭력이 될 수도 있다.

"모든 사람은 천재다. 그런데 물고기에게 나무를 타고 올라가는 능력으로 평가하자면 그 물고기는 평생을 스스로가 바보라고 생각하면서 살 것이다."

20세기 최고 과학자인 아인슈타인이 했다는 이 말을 생각할 때 부진에 집중할 것이 아니라 잘하는 것에 집중하는 것이 더 지혜로운 일이 아닐까. 이 의견에 아직 완전히 합의하지 못한 우리 사회에서 나는 국어 수학 부진아 지도를 안 할 수는 없을 것 같다. 하지만 아이들이 자신의 가치를 생각하도록 알려 주어야 한다. 인간의 가치는 어떤 쓸모로 규정되는 것이 아니라는 것을 몇 배로 이야기하고 삶으로 보여주어야 한다.

시골의 작은 학교에 근무하는 선생님의 글이다. 학교 규모도 학급 크기도 작은 이 곳에 교사의 특별한 보살핌을 필요로 하는 아이들이 참 많다. 글에서 교사의 책임은 '기초 학력이 부족한 아이들에 대한 돌봄'으로 정의되고 있다. 교사는 학습에 필요한 가장 기본적인 능력이 부족하면 시간이 지남에 따라 아이들에게 어떤 결과가 나타나는지 실제적인 경험을 통해 확인했다. 많은 사례를 통해 학습 부진이 '암울한 공통적인 단서'임을 알게 되었기에 이 선생님은 나중에 가래로도 막지 못할 것을 미리 내다보고 호미로 열심히 작은 구멍들을 메우고 있다. 누가 시키지 않았는데도 불구하고 이러한 노력은 방과 후까지 이어진다. 아이를 위한 자발적인 일임에도 심지어 아이와 부모의 눈치를 보기까지 한다. 역할이 바뀌어도 한참 바뀌었다.

　　　요즘 들어 주변에서 '책임 교육'이라는 말이 자주 들린다. 지역에 따라 조금씩 다른 의미로 사용하고 있지만, 대체로 학습 부진 학생과 같이 그동안 관심의 사각지대에 있었던 아이들에 대한 책임을 다하겠다는 것이다. '학력이 곧 국력'이라는 믿음은 그 어떤 국가들보다 우리나라에서 강하게 나타난다. 국가가 나서서 학습 부진 학생을 예의주시하고, 기초 학력을 끌어올리기 위한 지원을 아끼지 않는다.

　　　그러나 이와 같은 정책을 실행하는 것은 결국 교사의 손에 의해서다. 그리고 그 교사는 거시적인 관점에서는 볼 수 없는 작고 세밀한 것에도 관심을 기울인다. 이를 통해 교사는 '학습 부진'이라는 이름 아래 가려지고, 판단 받고, 밀려난 아이들이 가진 장점을 본다. 동시에 아이의 먼 미래를 앞서 내다보며 지금 필요한 것이 무엇인지 살핀다. 정책을 수립하고 행·재정적 지원을 하는 것은 정부의 몫이다. 그러나 그것을 실제로 구현해 내는 것은 우리의 책임이다. 교사가 책임을 다할 수 있도록 좋은 환경을 만들어 주어야 할 책임은 다시 국가의 몫으로 돌아간다.

이야기 넷. 교사의 성장

* 고경력 교사

어려운 일, 힘든 일을 피하는 것이 당연한 듯 행동하는
상당히 이기적인 선생님. 배울 점은 별로 없고, 뭔가 나에게
피해를 줄 것 같아서 다들 피하고 싶은 선생님.

언젠가 모임에서 교사는 교실에서 교사로 빛나야 한다는
글을 쓴 적이 있다. 그때는 교실에서 빛나는 교사가 성장한
교사라고 생각했다. 그 선생님이 계시는 교실은 늘 즐겁고,
문제 학생도 순한 양이 되어 나오고, 완벽한 수업으로
빛나는… 과연 가능할까?
요즘처럼 마음이 아프고, 그 아픈 아이들을 키우는,
어쩌면 더 많은 부분에서 회복이 필요한 학부모들이 있는
교육현장에서 불가능해 보이는 그것을 어떻게든 해 보려 했다.
자리에 앉아서 컴퓨터로 수업하다가도 '아니지, 나는 빛나는
교사가 되어야지.'라고 다짐하며 아이들을 살피러 다녔다.
아이들에게 야단치며 소리를 크게 낸 날은 '아, 이래서야

내가 빛나는 교사가 될 수 있겠어?'라며 반성의 글도 여러 장 남겼다.

신규 교사 시절을 지나 이제는 중견 교사에서 고경력 교사의 사이 어디쯤에서 달리고 있는 지금 나에게 '성장'은 해도 좋고 안 해도 좋고의 문제가 아니다. 교사들이 빗대어 말하는 그 '고경력 교사'가 되기 싫어 발버둥 치는 몸부림이라고나 할까. 장학사 시험을 한 번 보는 게 어떻겠냐는 교장 선생님의 권유에 심각하게 고민도 했다. 심각한 고민을 하면서 내가 정말 행복한 시간은 교실에서 아이들과 생활할 때라는 것을 다시금 확인하게 되었다. 어제까지도 교사 옆에 오지 않던 아이가 오늘은 수줍게 한 마디 질문하는 것이 기쁘다. "선생님! 화장실 가서 응가하고 와도 돼요?"라며 스스럼없이 외치는 꼬맹이가 참 사랑스럽다.

구구단 검사를 받으러 나와서 교사에게 하트 뿅뿅 미소를 날리는 아이들이 소중하다. 그런데 세월이 흘러 지금보다 더 경력 교사가 되었을 때, 그러니까 '고경력 교사'가 된 그때도 내가 지금처럼 교실에 들어가서 아이들과 만나는 일이 마냥 기쁠 수 있을까 하는 두려움이 있다. 그래서 성장하려고 더 노력하고 있는 것인지도 모르겠다. 수업에 대해서 늘 고민하고, 수업의 가치를 아는 사람들을 만나려고 애쓰고 있다. 그리고 나의 수업을 통해 한 명씩 아이들이 살아나는 것을 볼 때 나에게 빛 하나가 더 오는 것 같다.

오늘 종이접기 수업을 통해서는 만들기를 잘하는 요한이, 서연이, 영인이, 준우가 살아났다. 교육 연극 시간에는 늘 까불기만 했던 진서가 그 빛을 만들어냈다.

어찌 보면 교사의 성장은 아이들에게 있는 아이들만의 빛을, 수업 시간을 통해서 그리고 교사와의 관계를 통해서 찾아 주는 것은 아닐까.

아이들이 잘하는 것은 무엇인지, 힘들어하는 것은 무엇인지, 요즘은 누구랑 놀고 있고 어제까지 단짝이던 저들에게는 과연 무슨 일이 있었기에 저렇게 따로 자기 자리에서 책만 읽고 있는 것인지, 저 친구는 어디에서 어떤 수업을 할 때 살아날 것인지 등을 늘 고민하는 것이 교사가 성장하는 방법인 것 같다.

고경력 교사가 되어 언젠가 정말 호호 할머니 선생님이 되어서까지 열심히 한번 교사를 해 보고 싶다.

그리고 후배 교사들에게 말해 주려 한다. 쫓기듯 노력했지만 그래도 이런 발버둥의 가치에 대해서.

교사가 함께할 때 빛나는 것처럼 아이도 수업을 통해 빛을 낸다. 어떤 아이는 종이접기를 통해, 어떤 아이는 연극을 할 때, 또 어떤 아이는 운동장에서. 교사의 정성이 듬뿍 담긴 수업을 통해 아이들은 빛으로 반짝이며 다가온다. 이렇게 아이를 빛나게 하려면 교사도 꾸준히 자라야 한다. 아이가 그 안에 감추었던 빛을 밖으로 비추도록 돕는 과정이 교사를 성장하게 한다.

교사는 아이들 옆에 있을 때 행복을 느끼는 사람이다. 가르침이란 $67m^2$ 남짓한 교실에서 삶의 의미와 만족을 찾는 일이다. 승진을 위해 애쓰는 일에도 나름의 가치가 있고 능력 있는 교사들이 중요한 자리로 가야 하지만, 그것은 언제라도 아이들과 부대끼는 삶으로부터 충분한 보람과 만족을 누린 경우일 때라야 의미가 있다.

다음 세대의 교사들에게 자신의 이야기를 들려주기 위해 몸부림치고 발버둥치는 교사의 삶은 얼마나 아름다운가. 이렇게 자신의 길을 걷는 선배라면 그 뒷모습만 보고 따라가도 좋은 교사가 될 수 있을 것 같다. 많은 이들이 선뜻 가려하지 않는 좁은 길을 앞서 걸어가는 사람의 어깨가 얼마나 무거울지 짐작하기란 쉽지 않지만, 그 어깨의 짐을 나누어 지겠다고 따르는 사람들이 있다면 교사는 '가르칠 수 있는 용기'를 내어 한 걸음 앞으로 나아갈 것이다. 그 걸음이 교사와 아이 모두에게 생명을 불어넣는다.

나눔을 위한 질문

교사로서 내가 함께 지고 싶은 책임은 무엇인가?

교사의 책임과 관련하여 최근에 나를 어렵게 한 일은 무엇인가?

7장

들여다보기

7장 들여다보기

교사의 가르침은 아이를 들여다보는 것에서 출발한다. 아이의 마음, 그 너머의 세계까지 들여다볼 때 진정한 가르침이 가능하다. 그러나 학교는 아이를 들여다볼 여유, 그 내면의 소리에 귀 기울일 시간을 우리에게 좀처럼 허락하지 않는다. 그렇게 하기에는 너무 바쁘다. 그래도 그것이 아이를 자라게 하고 더 나아가 우리 자신을 성장하게 한다면 바쁜 일상 가운데서도 들여다보기 위한 수고가 필요하다. 그냥 보는 것이 아니라 '들여다' 보려면 의지가 필요하다. 교사는 아이를 들여다보고, 그 아이를 통해 자신을 본다.

이제, 들여다보기 위해 수고를 아끼지 않는 교사들의 이야기를 만나보자.

이야기 하나. 본다는 것

저녁밥을 지으려고 하니 하늘에서 후드득 비가 떨어졌다. 숲 활동을 마치고 모두 다 돌아온 후에 비가 시작된 것이

그나마 다행이었다. 야외에서 음식을 만들려고 내놓았던 도구들을 급히 챙겨 교실로 들어왔다. 빗방울이 굵어지고 바람까지 세차게 불기 시작했다. 아이들이 쳐놓은 텐트들은 비바람에 흔들리다 획 하니 바람에 날아가 운동장에 나뒹굴었다. 날아간 것들을 다시 세우고 텐트 안으로 비가 들이치지 않게 끈으로 단단히 묶어 두어야 했다. 뒷마당에는 장기 자랑을 위해 만들어 놓은 무대 앞쪽으로 비바람을 막기 위해 접이식 천막을 쳐야 했다. 조금이나마 비바람을 막아 주려는 마음에서 아빠들은 자진해서 고생스러움을 감내하였다. 하지만 시간이 흐를수록 굵은 빗줄기는 그칠 줄 몰랐고, 바람은 거세게 불었다. 멋지게 꾸며진 야외무대를 포기하고 체험 학습관으로 무대를 옮기기로 결정하였다. 아이들이 모두 앉기에도 비좁은 체험 학습관에서 공연을 하게 되어서 부모님들의 관람을 제한하게 되었다는 양해를 구하는 메시지를 보내야 했다.

비가 오니 일정을 변경하는 것은 물론이거니와 크고 작은 불편함이 뒤따랐다. 온종일 야외에서 이루어지는 숲속학교라서 더 그러했다. 장마를 피해볼 요량으로

날짜도 6월로 잡은 것인데, 일찍부터 시작된 장마로 비를 피할 순 없었다. 덥고 습한 날씨에 숲을 걷고 산길을 걷는 것만으로도 힘이 들었다. 비를 피해서 교실로 들어왔지만 음식 준비로 만들어진 수증기가 더해지면서 후덥지근하고 눅눅함을 고스란히 참아 내야만 했다. 책상을 한쪽으로 밀고 교실 바닥에 쪼그려 앉아서 밥을 짓고 국을 끓이고 반찬을 만드는 일은 쉽지 않아 보였다. 서툴기만 한 요리 솜씨로 더디게 만들어지는 음식과 아이들의 배고픔이 더해져 누군가 짜증을 낸다고 한들 이상스럽지 않은 상황이었다. 그러나 누구 하나 불만을 내비치지 않았다. 서로의 기싸움에 얼굴을 붉히거나 날카로운 목소리가 들리지 않았다. "선생님 있잖아요."라고 하면서 뾰로통한 표정을 지으며 형과 언니의 잘못을 탓하며 섭섭함을 토로하는 모습도 보이지 않았다. 숲 체험을 마치고 교실에 들어오자마자 후배들이 못마땅하다며 씩씩대던 아이의 모습도 찾아볼 수 없었다. "왜 제가 이런 거 해야 돼요."라고 볼멘소리를 들어주며 마음을 다독여 주기 바빴었는데 올해는 그런 말이 필요가 없었다.

여전히 아이들의 모습은 어수선하고 서툴렀지만 아이들의 모습에서 평온함이 느껴졌다. 덩달아 교사의 마음도 편안했다.

'아이들은 무엇으로 변화하는가?'

'아이들은 어떻게 변화하는가?'

공연을 하는 내내 공연하는 아이들보다는 공연을 돕는 아이들의 모습이 눈에 들어왔다. 공연에 따라 음악을 틀고, 순서에 맞게 써온 진행 원고를 읽고, 마이크를 켜주거나 받아주고, 소리가 더 잘 들리게 손을 뻗어 마이크를 대주고, 공연에 방해가 되지 않게 한껏 자신의 몸을 낮추고, 악기를 잃어버리고 나온 아이를 위해 달려가 악기를 찾아다 주고, 힘차게 박수 쳐주고 환하게 웃어주는 아이들에게서 빛이 났다.

사실 이 무대를 위해 하늘마을 아이들은 많은 이야기를 나누었다. 공연 준비를 돕는 스텝이 되면 무대에 출연할 수 없다는 규정을 세웠다. 보다 많은 아이들이 참여하기 위해서였다. 무대에 서지 못하는 아쉬움이 남았지만 아이들은 중간놀이 시간을 쪼개가면서 오디션 자리를 만들고 공연을 차근차근 준비해 왔다. 아이들은 마치 TV에 나오는 오디션 프로그램 마냥 심사를 진행하였다. 출연자들의 발표를 주의 깊게 듣고서는 부족하다고 생각되는 부분을 정확하게 짚어 주기도 하였다. 그러면서도 따뜻한 말, 힘이 되는 말을 잊지 않았다. 심사평을 듣는 아이들도 진지한 표정을 잃지 않았다. 고작 한두 살밖에 차이 나지 않는 형, 언니이지만 한마디 한마디를 귀담아 들으며 고마움을 표했다. 심사자의 입에서 "합격!"이라는 말이 나올 때면 신이 나서 환호성을 질러댔다. 누군가를 떨어뜨리기 위한 평가가 아니라 힘을 북돋아 주고 더 잘할 수 있게 도움을 주는 시간으로 채웠다.

열아홉 개 팀이 참여한 공연은 합창, 중창, 오카리나 연주, 사물놀이, 연극, 율동 등 다양한 프로그램이 펼쳐졌다. 아는 노래가 나오면 다 함께 따라 부르기도 하였다. 장기를 뽐낸다기보다는 모두가 함께 즐기는 분위기로 흘렀다.

'하늘마을 선배들이 펼쳐 놓은 무대에 보답하기 위해서라도 모두가 참여했다'는 강마을의 이야기는 하늘마을 아이들에게 더없이 좋은 보답의 말이 되어주었다.

가르치고 뒤돌아서면 아이들은 금방 배운 것을 잊어버리는 것처럼 보인다. 그러나 사실은 그렇지 않다. 평소에는 잘 보이지 않다가 어느 순간 훌쩍 성장해 있는 아이들을 볼 때 교사는 자신의 가르침이 헛되지 않았음을 깨닫게 된다. 아이들은 그렇게 시루 속 콩나물처럼 시나브로 자란다. 이렇듯 교사가 교실에서 만나게 되는 의미 있는 일은 시간이 흐른 어느 날, 예상치 못한 순간에 찾아온다.

'본다는 것'은 아이의 행동을 관찰하고 탐구하는 것을 뜻하지 않는다. 제대로 본다는 것은 겉으로 드러나지 않는 아이의 내면세계를 들여다보는 것이다. 안을 들여다보려면 먼저 아이와의 관계를 잘 만들어야 한다. 하지만 의미 있는 관계는 저절로 만들어지지 않는다. 오랜 시간 서로의 인내와 끈기가 필요하다. 머리로 아는 것에서 그치지 않고 인격적으로 알려고 할 때 교사와 아이는 비로소 서로를 볼 수 있다.

이야기 둘. 잘 찍은 사진 한 장

렌즈로 세상을 보는 활동에 들어선 지 어느덧 십 년이 넘었다. 내가 가르쳤던 아이들의 모습을 기록으로 남기고 싶어 큰맘 먹고 디지털 카메라를 샀다. 잘 찍고 싶었지만

카메라에 대해 아는 것이 없어 대부분의 사진을 자동모드에
놓고 사진을 찍었다. 가끔은 내가 의도했던 사진이
나오기도 했지만 많은 사진들이 내 의도와는 달랐다.
마음이 불편했다. 매뉴얼을 다시 찬찬히 들여다보면서
사진을 찍었다. 이전보다 만족스러운 사진이 한두 장 더
나왔다. 그래도 아쉬움이 많아 사진과 관련된 책을 한 권 두
권 사기 시작했다. '선명한 사진 촬영과 보정을 위한 DSLR',
'좋은 사진을 만드는 노출', '최고의 사진가를 꿈꾸는 DSLR',
'좋은 사진을 만드는 구도', '사진 인문학' 등 사진이 가지는
미학과 사진의 의미 등 서두르진 않되 꼼꼼하게 사진을
공부해갔다. 좋은 사진을 보기 위해 인터넷 동호회 활동과
사진 연구회 활동을 하며 이론과 실습을 병행하며
사진을 찍었다.
매화가 피는 계절이면 광양 매화 마을과 구례 산수유 마을,
벚꽃이 필 때는 가까운 석촌 호수부터 선암사, 윤중로,
야생화 지천인 곰배령으로, 남이섬으로, 보성 녹차 밭으로,
가을 단풍드는 계절엔 내장산과 주왕산으로 한옥 마을로,
눈 내리는 겨울엔 덕유산과 태백산 등 전국 명소들을

카메라 하나 들고 돌아다녔다. 일출 사진과 일몰 사진, 꽃과 잎, 산과 물, 폭포와 파도 등 수없이 많은 사진을 찍고 들여다보고 더 좋은 사진을 찍기 위해 그렇게 애를 썼다. 한 컷을 찍기 위해 3~4시간을 기다려 보기도 하고 밤새 대절 버스를 타고 한두 시간 사진을 찍고 돌아오기도 하고 비 오는 날에는 비 오는 사진을, 바람 부는 날에는 바람 부는 사진을 찍었다. 그렇게 십수 년을 사진을 찍으며 내가 찍은 사진을 폴더에 차곡차곡 담았다.

그날도 여느 일상처럼 며칠 전 찍었던 사진을 웹하드에 올려놓고 SLR 클럽의 사진을 감상하고 있었다. '이 사람들 사진 참 잘 찍는구나.' 그렇게 한 컷 한 컷 다른 사람들의 사진을 감상하는 시선 너머에서 헤집고 들어오는 생각 하나가 있었다. '나는 왜 사진을 찍으려고 돌아다니지? 인터넷에 돌아다니는 수없이 많은 프로와 아마추어 사진사들의 사진과 내 사진이 뭐가 다른가? 이들이 다녔던 장소에 나도 갔었고, 내가 찍은 구도는 이들도 같이 찍었는데… 내 사진보다 더 색감이 뛰어나고 감성이 풍부한데 눈으로 즐기면 되지 굳이 왜 내가 이곳에 가서

찍었지?'였다. 요즘 세상에 좋은 사진 잘 찍은 사진을 볼 수
없는 것이 아닌데… 왜 나는 사진을 찍고 있는 거지? 한참을
그 생각에 머물러 있었다.

월요일부터 금요일까지 약 40만 교사들이 교실에서 수업을
하고 있다. 같은 교과 혹은 같은 학년 또는 같은 주제로
비슷한 시간에 교실에서 아이들과 함께 하는 수업을 만들어
간다. 교사들은 대게 비슷한 과정으로 수업을 진행한다.
동기 유발, 학습 목표 확인, 활동 1, 2, 수업 정리, 차시
안내로 구성된 수업 구조 안에서 때로는 전문가의 느낌이
나는 수업도 있고 그렇지 않은 수업도 있다.

그 사이 어디쯤에 내 수업이 있을 것이다.

수없이 많은 수업 가운데 내 수업과 그들의 수업이 뭐가
다르지? 수업을 잘 못한다는 생각을 하지는 않지만 딱히
그들보다 잘한다고 생각할 만한 것도 없는데… 나는 수업을
왜 하지? 내가 사진을 찍는 이유에 대한 고민과 수업이
맞닿아 있었다.

내 사진과 다른 사진의 차이는 내가 찍은 사진 속에는
나만의 시간과 내 이야기가 담겨져 있다는 것이다.

그 사람들의 사진 속에 그들의 시간과 이야기가 담겨 있는 것처럼. 순천만 논길이 사라지기 전에 찍었던 사진은 이제 더 이상 그곳에서 찍을 수 없는 나만의 사진이며, 남이섬 빈 배의 사진은 내가 기억하고 있는 나의 이야기인 것이다. 다른 사람들은 단순히 잘 찍은 혹은 좋은 사진으로 이야기할 수 있지만 그 속에 담겨 있는 이야기는 내가 말하지 않는 이상 아무도 모르는 나만의 사진인 것이다. 마찬가지로 오늘 내가 하는 수업 속에는 나만의 시간과 나와 함께 한 아이들의 이야기가 담겨져 있기에, 내 삶의 한 자락이기에 의미가 있는 수업이다.

아이들의 모습을 담고 싶어 시작한 사진이 십 년을 훌쩍 넘겼다. 사진 실력이 쌓일수록 교사의 경력도 쌓여 간다. 이제 선생님은 사회과 지역 교과서에 자신의 사진 작품을 실을 정도로 수준급의 사진 실력을 갖추었다. 그리고 사진 실력만큼 수업에 대한 통찰과 전문성도 차곡차곡 쌓였다. 선생님의 사진은 교실 밖의 세상을 교실 안으로 가져온다. 마찬가지로 교실의 일상이 담긴 사진은 학교 담벼락 너머의 세상으로 이어진다. 사진을 통해 교실 안팎이 연결된다.

내가 찍은 사진이 여타의 사진과 구별되는 이유는 거기에 '나만의 이야기'가 담겨 있기 때문이다. 마찬가지로 교사의 수업에도 자신만의 이야기가 담겨 있어야 한다. 나의 이야기가 들어있다면 같은 학년, 단원, 주제와 소재, 차시를 가르치더라도 수업의 모습은 제각기 달라진다. 수업이 곧 나의 이야기가 되는 것이다. 그래서 사진에 자신의 이야기가 담겨 있는지 되돌아보는 것처럼 수업도 그러한지를 들여다보게 된다. 그리고 교사는 수업을 통해 다시 자신을 들여다본다.

수업은 교사의 삶의 일부다. 따라서 수업은 교사와 뗄레야 뗄 수 없다. 자신의 삶이, 삶의 이야기가 담겨 있어야 의미 있는 수업이 될 수 있다고 교사는 말한다. 그리고 그 수업은 다시 우리의 삶을 빚어간다. 사진이라는, 가르침과 전혀 상관없어 보이는 취미를 통해 가르침과 삶에 대한 통찰을 얻고 있다. 그리고 우리에게 묻는다. 가르치는 일과 전혀 관련 없어 보이지만 지금 하는 일을 통해 가르침에 관한 어떤 통찰을 얻고 있는지를.

이야기 셋. 제대로 바라본다는 것

그 아이는 애초에 가정 방문 대상도 아니었다. 수업 시간에 눈에 띄지도 않고 폭력적이지도 않다. 가정 방문을 통해 살펴보니 결손 가정도 아니고 부모 사이의 갈등도 없다. 학교에서 3분 거리에 살면서 지각이 반복되어 아침에 출근하면서 모닝콜을 시작했다. 1주일이 지나자 전화를 받지도 않는다. 조회시간 이런저런 핑계를 대다가 더는 핑계도 대지 않고 화난 표정을 짓는다. '왜 나에게 화를 내지?' 조회에 얼굴을 보지 못하게 되었고 1교시 시작 직전에 와서 수업을 듣는다. 컨디션이 나쁘면 2, 3교시에도 온다. 수업 시간에는 내내 엎드려 자거나 보건실에 보내달라며 떼를 쓴다. 내 속에 분노가 인다. 가정 방문을 갔을 때 아이를 칭찬하며 가능성을 이야기 했고, 잘 해보자는 다짐도 하였지만 그건 다 어디 갔는지 모르겠다. 전화를 해도 받지 않아 아침시간 어머니께 문자를 보냈다. 아이는 그것도 불만이다. 자기한테 연락하고 엄마에게는 문자를 보내지 말라고 한다. 아이는 이성 교제를 한다.

행선지 파악이 되지 않은 그 시간에 혹여 불미스런 사고라도
날까봐 걱정하는 것은 나뿐인가? 걱정되는 마음에 아이가
조금 더 조심하며 대하는 아이 아버지께 면담을 청했다.
아버지는 아이가 싫어한다고 담임 교사와 면담한 사실을
비밀로 해달라고 부탁하셨다. 아버지는 아이의 의견을
듣지도 않고 7년간 다녔던 피아노학원을 중단시켰다. 공부를
시키겠다는 의도였다. 어머니는 그런 아버지의 방식에
동의하지 않지만 그렇다고 자신이 대신할 수도 없다보니
결국 불만족스럽지만 끌려오는 입장이었다. 그동안 아이는
수없이 개선을 약속하고 다짐 했지만 지켜 내지 못하여
불신을 쌓았다. 학교 생활도 싫고, 공부도 싫고 오직 이성
교제와 친구 관계에만 빠져 있다. 불러 상담하자 하면 이미
'너는 말해라. 나는 내 갈 길을 가겠다.'는 표정으로 대하는
아이를 앞에 두고 말문이 막힌 적이 한두 번이 아니다.
분노를 넘어 이젠 체념이다. 마음은 좀 불편하지만 적어도 그
아이와의 관계는 더 나빠지지 않기를 바라면서. 학부모님도
그렇게 해달라고 한다. 이게 맞는 건가?
왜 이 아이인가? 나는 가만히 이 모든 일을 복기해 본다.

그리고 글로 쓰면서 다시 복기한다. 짧지 않은 교직 경력에서 제법 이 시기 아이들, 특히 문제 학생들을 노련하게 다루어 왔다고 생각했다. 아이들도 학부모들도 내가 좋다 했다. 그런데 내 생각과 의지대로 되지 않는 아이를 대하면서 나도 모르게 아이를 내 기준에 맞추고 있다. 아이의 문제는 지각을 반복하고 학습에 의욕이 없다는 것. 그리고 내 조언과 관심을 거부하고 무시한다는 것이다.

처음엔 문제 행동을 바로잡고자 하는 것으로 시작했지만 마지막에는 내 감정을 상하게 한다는 이유로 발을 뺀다. 가정 방문도 하고 다른 아이들보다 훨씬 많은 관심을 쏟았는데 왜 이렇게 힘들게 하는 거지?

'왜 그 행동을 바로 잡으려 했지?' 하는 원초적 질문부터 다시 던져 본다. '지금 바로 잡지 않으면 이 아이의 습관이 될까봐' 혹은 '이성 교제에서 사고가 날까봐', '이 아이가 준비가 덜 되어 사회에서 도태될까봐'였다. 그런데 혹시나 아이가 아니라 나 때문은 아니었을까? 내 덕분에 그나마 아이가 바로 잡혔다는 공치사를 듣고 싶어서였거나 아이를 향한 주변의 지적이 마치 담임 교사인 나의 부족함을 드러내는 것 같아 감추려 한 건 아니었는지 다시 나를 들여다본다. 조금 더 가만히 생각해 보면 아이들의 행동이 바뀌는 순간은 내가 의도했던 그 타이밍이 아니었다. '지나고 보니 그랬다'였다. 가정 방문을 가서 늘 입버릇처럼 "아이들 쉽게 바뀌지 않는다고 조급하지 마세요. 그냥 우직하게 곁을 지켜주세요."라고 해 놓고선 나는 어느새 조급해하고, 두려워하고, 주위의 시선을 신경 쓰고 있다. 내가 의도한 시간에 결과를 보려고 두는 무리수이다. 그렇게 무리수를 두고 나서 상처받을까봐 아무것도 하지 않는다. 이제는 악순환이 계속되는 그 고리를 끊어야 한다. 아이가 하는 말보다 나의 잔소리가 많아진다는 것은 아마 그를 통제하려는 나의 욕망이 꿈틀거릴 때일 것이다. 이제야 깨닫는다. 그 동안 내가 해 왔던 행동의 이유 중에 '그 아이'가 없었다. 아이가 하는 말, 아이가 처한 상황을 시간을 들여다보는 것이 필요하다. 제대로 본다는 것은 가까이 혹은 멀리서 개입하기와 물러서기(지켜보기도 하고 모른 척 넘어가기)를 병행하면서 아이의 성장을 보는 것이라는데… 나에게는 교사로서의 민감성과 유연함이 필요하다.

그렇게 기다리던 방학을 보내며 학교를 애써 잊고 있는 나에게 아이는 먼저 카톡을 보내왔다. 2학기부터는 공부도 하고 조회시간도 꼭 들어오겠다고 한다. 답으로 톡을 보냈다. "2학기엔 선생님도 더 노력할게." 서로의 마음을 나눔으로 아이도 나도 서로를 좀 더 편하게 바라보는 2학기가 될 것 같다.

글을 읽어 내려가다가 '어? 여학생이었어?' 하고 생각한 사람이 있을지 모르겠다. 반복되는 지각과 교사에 대한 불손한 태도와 언행을 남학생의 전유물로 생각했던 것이 잘못된 편견이었음을 이내 깨닫게 된다. 알게 모르게 내 안에 자리 잡은 편견의 힘은 이처럼 강하다. 그리고 그 편견은 대상을 제대로 보지 못하게 한다.

어쩌면 교사가 아이를 본다는 것은 편견과의 싸움일지 모른다. 문제아라는 딱지를 달고 학년을 올라온 아이에게서 장점을 찾아내는 것이 쉽지 않고 반대로 조용하고 착실한 아이가 문제를 일으킬 때 교사는 적잖이 충격을 받게 된다. 이러한 편견을 이겨 내기 위해서는 자세히 '들여다보는 것'이 필요하다. 지금까지 가지고 있었던 기준을 잠시 내려놓고 아이를 관찰할 필요가 있다. 학년 초, 교사는 겉으로 아무런 문제가 없어 보이는 조용한 여자아이가 이토록 자신을 힘들게 하리라고는 상상도 하지 못했을 것이다.

한바탕 전쟁을 치르고 난 뒤, 교사는 지금 누구를 들여다보고 있는가? 바로 교사 자신이다. 그것도 생각과 글로 두 번에 걸쳐서 말이다. '복기'라는 단어가 눈길을 잠시 멈추게 한다. 아이를 향했던 교사의 시선은 복기를 통해 결국 자신을 향한다. 그리고 그간 아이에 대한 실망과 분노가 자기의義, 자기만족 때문이었음을 깨닫는다. 이것이 바로 복기의 힘이다. 교사는 말썽을 일으키는 아이를 통해 종래에는 자신을 들여다본다. '들여다봄'을 통해 아이도 교사도 자란다.

이야기 넷. 네가 교사의 자리를 얻은 것이 이 아이를 위함이 아닌지 누가 알겠느냐?

검은 잠바. 이마를 덮은 앞머리. 무표정한 얼굴. 뭔가 음울한 기운을 풍겨서 말 한마디 안할 것 같지만 의외로 수업시간에 자신의 생각을 곧잘 말하는 지석이. 점심 먹고 모두 놀러 나간 텅 빈 교실에서 이 아이는 항상 혼자 앉아 그림만 그린다. 공부시간에도 눈치를 봐가며 교과서, 연습장 때론 책상 위에 그림을 그린다. 뭔지 궁금해서 다가가 보면 얼른 감춰 버린다. 이 아이가 궁금하다. 마음속에 뭔가 잔뜩 품고 있는 것만 같다.

'학교가 괴롭다. 학교가 폭파되었으면 좋겠다. 학교 오는 것 자체가 고통이다. (한자 쓰면서) 이러니 괴로울 수밖에 없다. 학교가 싫다.'

아침마다 쓰는 마음 날씨에 이 아이가 쓰는 주된 내용이다. 근심 어린 마음으로 지석이 자리에 다가가 이야기를 꺼내본다.

"학교에 오는 게 무척 괴로운가 보구나, 언제부터 그랬는지 알 수 있을까?"

"4학년 때부터 그랬어요."

"괴롭힘을 당했다거나 뭔가 다른 이유가 있었니?"

"아니오, 그런 거 없어요."

"그렇구나, 알았어."

예상대로 단답형 대답으로 더 이상 말을 못 붙이게 한다. 수학 문제 풀 때도 어려워하지만 누군가에게 도움을 요청하지 않는다. 모르면 그냥 놔두고 그림만 그린다. 수학 시간에 다른 애들을 둘러보지만 내 시선은 늘 지석이에게로 향해 있다. 다가가서 최소공배수, 통분하는 법을 가르쳐주고 두 문제만 풀어 보자고 했다. 어느 정도 하는 척하다가 내 시선이 멀어진다 생각하면 다시 그림 그리기에 들어간다. 그런데 신기하게도 이 아이가 밉지 않다.

'이건 뭐지. 날 무시하네.' 하는 생각이 들 법도 하지만 '이 아이를 어떻게 도와줄 수 있을까?' 하는 생각이 더 크다. 만약 다른 아이가 이와 같은 행동을 했었더라면 엄하게 화를 냈을 텐데… 아마도 마음 날씨에 적은 이 아이의 진솔한 고백이 내 마음 속 어딘가에 깊이 자리 잡고 있기 때문인 듯싶다.

'이 아이의 무료한 학교 생활에 전환점이 될, 학교에 오고 싶은 마음이 들게 할 거리에는 뭐가 있을까?' 3월에 내가 제일 많이 한 고민이다. 처음 맡은 안전 및 진로 부장 업무, 5년 만의 6학년 담임업무 등 해야 할 일이 참 많은데 나의 시선이 지석이에게로 쏠려 있음에 감사하다.

이 아이가 좋아하는 그림과 관련된 활동들을 찾아보다 발견한 비주얼 씽킹 학습지. '바로 이거다!' 사회 비주얼 씽킹 학습지를 서너 장 출력해서 지석이에게 건네주었다.

"앞으로 사회 시간에 이 학습지로 같이 풀고 싶은데, 여기 그림들 보면서 네 그림으로 바꿔서 그려줄 수 있겠니? 네가 만든 학습지로 공부하면 좋을 것 같아."

"네, 한번 해 볼게요."

"학원이나 다른 일로 바쁘면 안 해도 돼. 시간은 괜찮아?"

"시간 많아요."

쉬는 시간에 학습지를 보며 연습장에다 줄곧 따라 그리고 있다.

"제 스타일로 좀 바꿔서 그려도 되나요?"

"그럼, 되고말고."

학교에서 뭔가 할 거리가 생겨서 기쁜 눈치다. 만약 약속한 대로 학습지를 그려 오면 복사하고 밑에다 이름을 넣어 줄 예정이다. 조용히 그림만 그려서 아이들 사이에 존재감이 없는 지석이가 만든 학습지라는 것을 알려 주고 싶다.

이를 계기로 조금이나마 학교에 오는 것이 기다려지는 마음이 들기를 바란다.

에스더서에 유대인들을 몰살시키려는 계략을 감지한

모르드개가 왕비가 된 에스더에게 이렇게 말한다. "네가 왕후의 자리를 얻은 것이 이때를 위함이 아닌지 누가 알겠느냐?" 그리고 성경은 어제도 오늘도 그리고 앞으로도 나에게 동일한 말씀을 준다. "네가 교사의 자리를 얻은 것이 이 아이를 위함이 아닌지 누가 알겠느냐?"

어떤 유형의 아이들이 교사를 가장 힘들게 할까? 아마도 '검은 잠바, 이마를 덮은 앞머리, 무표정한 얼굴'을 한 이 아이 같은 경우가 아닐까 싶다. 교사로서는 이런 아이의 무기력함이 도대체 어디서 온 것인지 왜 생긴 것인지 알 길이 없다. 아이가 도통 말을 해 주지 않기 때문이다.

아이가 마음의 벽을 세우게 되면 그 안으로 들어가기란 여간 어려운 것이 아니다. 그래서 아이가 담을 쌓기 전에, 그 담이 높아지기 전에 어떤 돌봄의 조치가 필요하다. 이 아이도 2년 전 그런 도움이 필요했을 것이다. 그러나 안타깝게도 시기를 놓치고 말았다.

6학년 담임과 부장 업무를 맡은 교사의 3월은 상상할 수 없을 만큼 분주하다. 처음 만나는 아이들과 좋은 관계를 만들어 가야 하고 새로 맡은 업무에도 익숙해져야 한다. 수업은 수업대로 하면서도 행정적으로 처리해야 할 일은 쌓여만 가고 이곳저곳에서 연락도 많이 오는 시기가 바로 3월이다. 이 바쁜 와중에도 그의 마음은 온통 이 아이에게 가 있다. 그리고 그것을 힘들어하기보다 고맙게 생각한다.

이런저런 시도 끝에 교사는 결국 아이의 마음의 벽에 달린 문 하나를 발견하기에 이르렀다. 아이에게 딱 맞는 무언가를 발견한 것은 우연한 일이었을까? 절대 그렇지 않다. 그것은 열고 들어갈 문을 발견할 때까지 계속해서 벽을 두드려 보았기 때문에 가능한 일이었다. 자세히 들여다보지 않으면 문은 보이지 않는다. 아이를 가르치기 위해서는 닫혀 있던 마음의 문을 열어야 했고, 그 문을 열기 위해서 아이의 마음을 들여다보아야 했다. 분주한 3월의 시기를 보내며 마음을 들여다보고자 했던 교사의 애씀이 결국 아이의 작은 변화를 이끌어낸 것이다.

교사는 아이에게서 나타나기 시작한 작은 변화로부터 자신의 존재의 이유와 가치를 발견한다. 성경의 한 구절(에스더 4장 14절, "네가 왕후의 자리를 얻은 것이 이때를 위함이 아닌지 누가 알겠느냐")을 인용하며 '내가 교사의 자리에 서 있는 것이 이 아이를 위함이 아니겠는가?'라고 자문한다. 교사의 자리를 소명calling으로 받아들이는 겸손함. 한 아이에게서 자신의 존재의 이유와 교직의 가치를 발견하는 교사의 마음가짐은 숭고함이다.

나눔을 위한 질문

나는 아이들의 어떤 점을 잘 들여다보는 교사인가?
또는 무엇을 잘 들여다보는 교사이길 바라는가?

8장

귀 기울이기

8장 귀 기울이기

교사에게 있어 가르침이란 '귀 기울이는 것'을 의미한다. 브라질의 교육자이자 20세기를 대표할만한 교육 사상가인 파울루 프레이리 Paulo Freire는 '대화의 의미'에 대해 다음과 같이 설명한다. 그의 말대로 귀 기울여 대화하는 것은 가르침과 배움의 핵심이다.

"대화 행위의 의미를 이해하기 위해서는 대화를 단순하게 기법으로만 이해해서는 안 된다. 대화란 내가 상대방의 말솜씨를 감안하여 다듬고 깨우치고자 하는 허구적인 기술을 말하는 것이 아니다. 그 반대로 대화란 인식론적 관계를 특징으로 한다. (중략) 내가 대화에 참여하는 이유는, 앎의 과정에는 개인적 성격만이 아니라 사회적 성격도 포함되어 있기 때문이다. 이런 의미에서의 대화는 자연히 배움과 앎의 과정에서 필수불가결한 요소가 된다."[9]

---

9 파울루 프레이리. 남경태 역. 『페다고지』(그린비, 2002, p. 20).

이렇게 귀를 기울일 때, 비로소 아이로부터 마음의 소리가 들린다. 교사는 그 소리를 통해 아이에 대해 알게 되고 아이와 더불어 살아갈 이유를 찾는다. 대화는 우리의 앎(인식)을 넘어 삶(존재)을 주고받는 것이다.

이제부터 이어질 글에는 귀 기울여 들음으로 가르침의 의미를 발견하려는 교사들의 삶이 담겨 있다.

이야기 하나. 억울해 할 때

아이들이 다투는 이유는 다양하다. 놀림이나 욕설, 억지스러운 말에 흥분하고 기분 나쁜 표정이나 몸짓, 위협적인 행동과 따돌림, 나만 손해 보는 것처럼 느낌이 들 때에도 어김없이 다툼이 일어난다. 일단 다툼이 일어나면 교사는 아이를 불러다 어떤 것이 마음에 거슬렸는지 말이나 행동 위주로 이야기를 나눈다. 어떤 말과 행동에 자극을 받게 되었는지, 마음의 상함이 어느 정도로 깊은지를 확인하는 과정을 거친다. 그러다 보면 누구로부터 다툼이 시작된 것인지가 중요해진다. 결국 싸움을 일으킨 사람이 누구인지를 밝혀서 사과를 받아 내는 것으로 다툼을 마무리한다. 하지만 아이들의 다툼을 해결하는 과정 속에서 교사는 늘 아쉬움이 남기 마련이다.

'아이들이 다 그렇지 뭐. 그동안에 쌓인 감정의 골이 깊으니 한 번에 해결되기란 쉽지 않겠지. 어른도 쉽지 않은데 아이들이니 오죽하겠어.'

틀린 말은 아니지만 무엇이 문제인지 들여다보고 마음을 풀어내는 것까지 이르는 경우는 드물다. 다툼이 흔하게 일어나는 것이라서 그런지 몰라도 교사나 부모는 상식과 양심에 따라 시시비비를 따지는 게 전부다. 다툼이 일어난 이유를 묻고 사실 관계를 확인하기도 하면서 잘잘못을 따져 보지만 다툼을 어떻게 다루어야 하는지에 대해서는 늘 서툴다. 분명한 건 교사 앞에서 사과를 주고받는 정도로는 다툼이 멈춰지지 않는다는 사실이다. 어느 쪽이든 앙금이 남아 있는 한, 사과가 이루어졌다고 하더라도 다툼은 끝났다고 볼 수 없다. 아이가 입으로는 미안하다 하면서도 씩씩거리며 울분을 삭이지 못하는 모습을 보인다는 것은 여전히 억울하다는 표현이다. 마음의 억울함이 풀려야 다툼도 그친다.

"나는 사과할 마음이 없는데."

"나도 사과했으니 너도 나에게 사과해야 되는 거 아니야?"

"그렇긴 해도 내가 사과할 마음이 없는데, 억지로 사과를 받아 내려고 하는 건 아니라고 봐."

"언제나 이런 식이지. 왜 잘못하는 사람은 맨날 변하지 않고 피해 보는 사람만 참아야 하는데."

"내가 처음부터 그랬냐? 너희가 맨날 나한테만 안 좋게 대하잖아."

"그건, 너도 마찬가지야. 우리한테 안 좋게 대하니까 그러지."

"참… 어이가 없네."

3주 전, 숲속학교 때 다투었던 일이 계속해서 이야기되었다. 여전히 누군가의 맘속에 억울함이 남아 있기 때문이었다. 오늘의 다툼은 친구의 신발을 맘대로 신고 가버린 일로 시작되긴 했지만 결국 이야기는 숲속학교 때의 일로 돌아갔다. 오래전 이야기를 다시 끄집어내어 다툼을 이어가는 걸 보면 억울함이 풀리지 않았던 모양이었다. 억울함을 풀지 않고 꽁한 마음을 갖는 게 답답하게 보일 수도 있겠지만 그렇게 간단히 해결될 문제로 보이지 않았다.

'친구를 이해하고 공감해 주는 것은 응당 그래야 하는 일이지만 그렇다고 피해를 준 아이가 자기 잘못에 대해 사과를 하지 않는 것은 옳지 않다고 본다.'는 것이 억울한 이유였다. 억울함을 토로하는 아이의 바람처럼 상대 아이가 잘못을 인정하고 진심으로 사과하기만 하면 쉽게 해결될 일이겠지만 감정이 상해 있어 말이 곱게 나오지 않는 모양이었다. 제대로 사과를 받지 못해서 억울한 아이와 노력하고 있음에도 지금까지 쌓인 것들 때문에 이해받지 못해서 억울한 아이 사이에 해결점이 잘 보이지 않았다.

억울함에 있어서 어느 쪽이 더 억울하고 덜 억울한지를 판단하는 건 의미 없는 일이다. 억울한 건 매한가지이기 때문이다. 문제는 억울한 마음을 어떤 식으로 풀 것이냐 하는 점이다. 자칫 억지스럽게 풀려고 했다가는 문제만 더 복잡해진다. 그래서 아이가 어떤 방식으로 억울함을 풀려고 하는지 찬찬히 들여다보아야 한다.

억울함을 풀어감에 있어 아이들이 생각하는 방식 중에 하나는 앙갚음이다. 내가 당한 것만큼 되갚아주길 바란다.

아이들은 그것이 공평하다고 생각한다. '눈에는 눈, 이에는 이'라는 말처럼 받은 만큼 돌려주겠다는 생각이다. 내가 느낀 것처럼 상대의 고통스러워 하는 모습을 보면 어느 정도 억울함이 풀릴 것이라고 생각한다. 바보처럼 당하고만 있지 않았다는 것으로 위안을 삼고, 되갚아준 자신의 행동이 옳았음을 인정받고 싶기 때문이다. 하지만 앙갚음은 공평과는 거리가 멀다. 상대방으로부터 날아온 주먹 한 대와 내가 상대를 향해 날린 주먹 한 대의 세기는 같을 수 없고, 느껴지는 아픔 정도도 똑같을 수 없다. 나와 상대가 느끼는 고통 사이에는 늘 차이가 나기 마련이다. 그래서 앙갚음은 늘 더 강한 앙갚음으로 이어져 나에게 되돌아온다. 마음이 누그러지기보다는 감정을 더 키워버리는 것이 앙갚음이다.

아이들이 억울함을 푸는 또 하나의 방식은 고자질이다. 잘못을 저지른 것에 대하여 응당한 대가를 치르기를 바라는 마음에서 일러바친다. 언뜻 보면 불의한 것을 바로 잡고자 하는 마음과 같아 보인다. 하지만 고자질은 자신도 그와 같이 행동을 막 하고 싶은데 그렇게 하지 못함에서 오는 불평에 가깝다. 못마땅하게 여기는 마음 또한 억울함에서 비롯된다.

법이나 규칙, 권력을 갖고 있는 사람의 힘을 빌려 억울함을
풀고자 한다. 상대적인 박탈감에서 행하는 고자질은 처음부터
문제 해결과는 거리가 멀다. 고자질을 통해 내려진 징계는
다툼의 해결은커녕 정반대의 상황을 가져올 뿐이다. 고자질한
사람은 물론이거니와 그 말을 듣고 자신을 징계한 교사나
부모에게도 억울함을 느끼며 앙심을 품게 만든다.

억울함을 알아차리고 이야기를 들어주는 것만으로도 눌리고
답답했던 마음이 풀리기도 한다. 하지만 억울함이 가득 차올라
있을 때는 어떤 말도 들리지 않는다. 이기심과 상대를 성급히
판단하는 마음이 깊숙이 자리를 차지하고 있기 때문이다. 그럴
때는 차라리 혼자만의 시간을 가질 수 있게 해주고 다툼에
대하여 생각해 볼 수 있게 하는 편이 낫다.

"내일 다시 얘기해 보자꾸나. 대신 이 일에 대한 너의 생각을
가지고 오렴."

아이와 이야기를 나눌 수 있는 적정 온도는 아이 스스로
억울함의 이유를 찾아 냉정하게 말할 수 있을 때이다. 그래서
이기심과 상대를 성급히 판단함에서부터 다툼이 일어났다는
걸 확인하는 것이 무엇보다 중요하다. 다툼은 사소한 오해에서

시작되는 경우가 많으므로 사실을 확인하는 과정에서 자연스레 해결되기도 한다. 이 과정에서 누구의 억울함이 더 큰지 경중을 따지려 해서는 안 된다. 만약 어느 한 쪽의 억울함이 더 크게 느껴진다고 해서 한 쪽 편을 들었다가는 그 아이의 억울함은 사라질지 몰라도 반대편 아이의 억울함이 그만큼 더 커지기 때문이다. 만약 아이가 불공평하다고 말하며 기분 나쁜 표정을 짓고 있더라도 교사는 비난이 섞인 말을 내뱉어서는 안 된다. 당장이라도 아이의 기를 꺾어 다툼을 중단하고 싶은 마음이 생기더라도 잠시 인내하자. 아이가 스스로 이기심의 온도를 낮추고 서로의 온도를 맞춰 갈 때 억울한 마음이 풀리기 때문이다.

글을 읽으면 교사의 객관적인 목소리가 들리는 듯하다. 마치 아이들 사이에서 일어난 사건으로부터 한 발 떨어져 기록한 느낌이 든다. 친구들 간에 일어난 다툼으로 인해 감정이 격해져 있을 때 아이에게 혼자만의 시간을 주고 감정을 누그러뜨리도록 했던 것처럼, 이 일로 분명 마음이 편치 않았을 교사도 잠시 이 사건으로부터 거리를 두고 싶었을지 모른다.

아이들의 크고 작은 다툼과 분쟁 사이에서 우리는 심판자의 역할을 요청받는다. 교사가 잘잘못을 가려내어 최종적인 판단을 내려주기를 아이들은 기대한다. 그러나 교사는 자신의 역할이 심판이 아니라 가르침이라는 사실을 잊지 않는다. 어쩌면 문제가 어디에서 비롯되었고 누가 잘못했으며 벌 받을 사람은 누구이고 이 싸움의 승자는 누구인지 가려내는 일이 더 쉬울지 모른다. 그러나 이 일을 통해 아이들이 무엇을 배워야 하는지, 이런 문제가 생겼을 때 어떻게 해결해 나가야 하는지, 그 과정에서 아이의 감정과 상황은 어떠한지를 전체적으로 조망하고 살피려니 여간 힘든 것이 아니다.

글의 분량에서 오는 무게감을 통해 교사가 얼마나 이 일로 얼마나 많이 고민했고 얼마나 많은 에너지를 소모했는지 가늠하게 된다. 교사는 아이들의 대화 내용을 자세히 기록하고 일의 진행이 어떠했는지를 묘사하며 그 과정에서 자신이 어떻게 개입했는지를 매우 상세하게 보여주고 있다. 그 가운데서 "억울함을 알아 차리고 이야기를 들어 주는 것만으로도 눌리고 답답했던 마음이 풀리기도 한다."라는 교사의 표현에 잠시 시선이 멈춘다. 교사가 무엇을 할 때가 아니라 무엇을 하지 않는 것이 때로는 더 큰 힘을 가질 때가 있다. 바로 이런 경우가 아닌가 싶다. 교사에게 있어 아이들이 성장해가는 과정에서 문제를 해결하고 다른 사람과 의사소통을 하는 방법을 가르치기 위한 첫 번째 방법은 그들의 이야기에 귀를 기울여 주는 것이다.

이야기 둘. 나를 이해해 주세요

매주 금요일 아침은 우리 반 공식 놀이 시간이다. 1교시 시작 전까지 자유롭게 놀아도 된다고 허락했다. 아이들은 삼삼오오 모여 앉아 보드게임, 공기, 독서, 수다 떨기 등 다양한 놀이를 즐긴다. 외동인 아이들은 평소에 집에서 하고 싶었으나 짝이 없어서 못했던 보드게임을 들고 와 친구들과 즐기기도 한다. 그런데 오늘따라 석이가 엎드려 있다. 한 5분 지켜봤는데도 여전히 엎드려 있다. 평소에 그런 아이가 아닌데… 우리 반에 쌍둥이 누나가 있어서 살짝 불러다 물어봤다.
"석이가 왜 엎드려 있는지 아니? 혹시 집에서 무슨 일 있었어?"
"아침에 엄마한테 혼나고 왔어요."
"무슨 일로 혼났어?"
"엄마가 입으라고 하는 옷 안 입는다고 해서 엄마가 주는 대로 입으라고 하니까 주먹으로 바닥을 내리치면서 '우이 씨'라고 해서 엄마한테 혼났어요."

"그랬구나. 얘기해줘서 고마워."

석이를 잠깐 복도로 불러냈다.

"석이야, 오늘 놀이하는 날인데 왜 엎드려 있어? 속상한 일 있었어? 선생님한테 얘기해봐."

"……"

"말하기 싫어?"

"……"

"혹시 엄마한테 혼났어?"

"(끄덕끄덕)"

"왜 그랬는지 얘기해줄 수 있어?"

"……"

"말하고 싶지 않아?"

"……"

"엄마랑 집에서 다시 한 번 대화해 봐. 아마 엄마도 석이를 혼내고 학교에 보내서 지금 속상해 하고 계실 거야."

"아니에요. 우리 엄마는 그런 거 없어요."

"아닐걸? 선생님도 선생님 딸 혼내고 학교에 오면 하루 종일 속상하고 미안하고 그렇던데…"

"우리 엄마는 이해심이라는 게 없어요. 대화도 전혀 안 돼요."

"그랬구나. 그래서 우리 석이가 오늘 아침에 이렇게 속상했구나."

"(눈물 뚝뚝)"

"그럼 마음 풀릴 때까지 조금 더 엎드려 있어도 돼."

석이의 친누나, 영이를 복도로 불러냈다.

"영이야, 석이가 엄마한테 혼나서 많이 속상하다고 하는구나. 엄마랑 대화가 잘 안된다고 하니 오늘 집에 가서 석이 없을 때 엄마한테 살짝 오늘 아침에 학교에서 있었던 일을 얘기해 줄 수 있겠니?"

"네, 알겠어요."

"그래, 고마워."

엄마가 나를 이해하지 못한다고 느낄 때, 대화가 안 된다고 느낄 때, 아침부터 혼나고 왔을 때, 아이들의 학교생활에 큰 영향을 미친다는 걸 다시 한 번 느낄 수 있었다.

나는 대화가 되는 선생님인가?

나는 이해심이 있는 선생님인가?

한 아이와의 대화, 또 다른 아이와 교사 사이의 대화가 글의 많은 부분을 차지하고 있다. 대화 속에 나타난 교사의 모습은 참고 기다리는 사람이다. 아이가 자신의 감정을 말로 표현하기까지 교사는 묻고, 알아보고, 기다려주고, 귀를 기울인다. 마침내 아이가 입을 뗐을 때 교사는 공감으로 응수한다. '이야기 해 줘서 고맙다', '이렇게 속상했구나', '해 줄 수 있겠니'와 같은 말들이 교사의 온화한 성품을 잘 보여준다. 아이의 대답을 기다리는 동안 교사라고 해서 왜 답답하지 않았겠는가? 그런데도 왜 굳이 집에서 있었던 일까지 들춰내 가며 아이의 마음에 귀를 기울이려고 했을까? 교사는 자신에게 묻고 있다. '나는 대화가 되는 선생님인가?', '나는 이해심이 있는 선생님인가?' 그리고 글은 이미 그 답을 말하고 있다.

파커 파머는 좋은 가르침을 다음과 같이 정의한다. "좋은 가르침이란 단순히 테크닉으로 환원되지 않는다. 좋은 가르침은 교사의 정체성과 진실함으로부터 온다." [10]

---

10 파커 파머. 이종인 · 이은정 역. 『가르칠 수 있는 용기』 (한문화, 2016, p. 47, 번역 일부 수정).

이야기 셋. 교사의 책임, 학부모

학교 뒷산을 오르며 유경이는 연신 감탄을 자아냈다.
"선생님, 지난주에 요만큼 자랐던 돌나물이 이만큼이나 자랐어요."
"선생님, 제 민들레가 노란 꽃이 활짝 피었었는데 지금은 하얀 꽃이 되면서 오므라들었어요. 씨앗을 만들려고 그러나 봐요. 신기해요."
유경이는 수 가르기도 남들이 생각하지 않는 방법으로 가르면서 스스로 덧셈을 깨우치기도 하고 베트남인 엄마가 늘 생업에 바빠 돌봐 주지 못하는데도 한글도 제법 잘 익혀 어휘력도 괜찮은 편이다. 매우 명석하여 교사의 말을 잘 이해할 뿐 아니라 혼자 남는 친구를 위해 기꺼이 짝꿍을 해 주는 따뜻한 마음까지 지녔다.
그런데 이 아이가 어느 날 놀이 시간에 대성통곡을 한다. 이유는 자신이 만든 블록 작품을 자기가 해체하려고 했는데 친구가 먼저 마음대로 해체했다는 것이다. 사실 정리할 시간이 되어 블록들을 상자에 넣는 과정에서 블록 작품을 친구들이 함께 해체하는 일은 매우 자주 있는 일이었다. 그런데 유독 그날은 대성통곡과 함께 어떤 소통도 거부하며 2시간을 보냈다. 평소 따뜻한 성격으로 미루어볼 때 이해가 되지 않는 상황이었다. 일전에도 비슷한 상황으로 자기 손과 발을 책상과 바닥에 계속 치면서 바닥에 드러누워 울다가 지쳐 내 품에 잠이 든 경우도 있었던지라 아이 마음이 어딘가 많이 아픈가보다 생각했다.

학년 초 학부모 상담 주간에 고맙게도 부모가 모두 학교에 왔다. 그런데 당황스럽게도 둘은 내 앞에서 부부 싸움을 시작했다. 아이 교육에 대한 책임을 서로에게 떠넘기며 소리를 치고 울기도 했다. 그날 상담으로 나는 아이에 대한 도움을 받기는커녕 더 커다란 짐이 생겼다. 부모의 문제를 해결해야 유경이가 살겠구나!

폭력적이고 집안을 돌보지 않는 아버지와 어린 나이에 타국으로 시집와서 농사일에 매여 자녀를 돌볼 여유가 없는 어머니는 자녀 교육에 대해 문화적으로도 성격적으로도 다른 견해로 늘 충돌이 있었다. 다행히 학교에서 전문적인 상담을 지원하기로 결정되었고 몇 번의 고비가 있었지만 그래도

2학기부터는 부부 상담을 진행할 수 있게 되었다.

교육은 가르치는 것을 넘어 함께 살아가는 것이다. 교사는 아이가 무엇을 어떻게 생각하고 판단하는지, 어떤 과정을 통해 그 생각과 판단이 나타난 것인지 살펴보게 된다.

그 속에서 아이의 삶에 영향을 미치는 요인들에 자연스럽게 관심과 책임감을 가지게 된다. 그러다보니 아이의 삶을 깊이 들여다보면 볼수록 교사의 관심 영역은 끝없이 확장된다.

그중 한 영역이 바로 학부모이다.

예전에는 학부모 교육이란 이름으로 필요한 연수를 하거나 상담을 통해 아이 양육이나 교육 방법을 함께 논의하여 결정하고 가정에서의 지도를 부탁하곤 했다. 지금 되돌아보면 그것이 얼마나 피상적이었나 싶다. 아이의 문제는 십중팔구 부모의 문제와 깊은 관련이 있다. 그런데 부모의 문제가 해결되지 않은 상태에서 그것에 무관심한 채로 아이를 돕겠다는 것은 곪아가는 상처에 반창고 붙이는 격이 아닌가. 그러다 보니 부모의 폭력성, 부부간의 갈등, 소통의 부재 등 그 가정사에 자꾸 마음이 간다. 그저 오지랖이 넓어서가 아니다. 가정이 계속 저 상태라면 우리 아이 마음의 상처가 당최 나아질 가능성이 없기 때문이다. 그렇다고 교사가 나서서 할 수 있는 일은 별로 없다. 학부모보다 훨씬 나이가 많은 교사라서 인생 선배로 여기고 상담이라도 해 오면 다행이다. 학부모의 나이가 교사와 비슷하거나 더 많으면 그나마도 쉽지 않다. 그럴 때면 내가 교사가 아니라 학부모와 언니 동생 사이나 친구가 되면 더 좋겠다. 빨리 나이가 들어 따뜻한 인생 선배가 되면 좋겠다는 생각마저 든다.

가르침이란 '한 생명을 살리는 일'이다. 생명을 살리는 데에는 여유가 없다. 그러다 보니 때로는 교사가 감당할 책임의 범위가 학생의 부모까지 확대되는 경우가 생긴다. 부모의 문제를 해결해야 아이를 '살릴 수 있다'는 말에서 결연함 마저 느껴진다. 오지랖이 넓어서가 아니라 그렇게 해야 아이가 가지고 있는 상처를 낫게 할 수 있다는 생각이라니, 아이를 향한 교사의 마음에 절로 고개가 숙여진다.

한국인 아빠와 베트남인 엄마 사이에서 태어난 아이가 있다. 이 아이는 장점과 약점이 분명하다. 부모 상담을 통해 '다문화'라는 가정 환경으로부터 감추어있던 아이의 문제를 발견한 교사의 책임은 상담 전보다 더 무거워졌다. 우리의 특별한 보살핌을 필요로 하는 아이들이 어디 다문화 가정의 자녀들뿐이던가. 과잉 행동, 주의력 결핍, 폭력성, 무기력감, 학습 부진 등 정도의 차이가 있을 뿐 실상 모든 아이는 누군가의 도움이 필요한 존재다.

그러나 도움이 필요한 아이가 도와 달라고 직접 요청하는 일은 많지 않다. 엇나간 말과 행동, 불안하고 초조한 정서 상태, 주위 친구들과의 갈등과 마찰이 오히려 도움을 구하는 신호일 때가 많다. 그러므로 교사는 이로부터 오는 '도와 달라'는 소리를 귀 기울여 읽어내야 한다. 이런 소리를 듣게 되기까지 시간과 경험이 필요할지도 모르겠다. 학생들의 필요에 민감한 귀를 가진 교사가 되면 좋겠다.

이야기 넷. 아이의 상처에 귀 기울이기

3월 초. 잠시 자리를 비우고 돌아오니 윤수가 울면서 나에게 말했다. "선생님, 1반 건희가 돼지라고 놀렸어요." 이미 1반 선생님께서 건희를 데리고 우리 교실에 오셔서 두 아이들의 이야기를 듣고 화해도 시켜 주신 상태였다. 내가 교실에 돌아오니 서러웠는지 다시 울기 시작하면서 있었던 일을 이야기한다. "선생님, 저는요, 아이들이 돼지라고 놀려서 그

충격으로 1학년 때 병원에 입원해서 전신 검사도 받았어요. 돼지라는 말이 저에게는 엄청 스트레스예요." 그러자 주변 친구들이 한 마디씩 거든다. "학원에서 어떤 애가 윤수를 돼지라고 놀려서 얘네 엄마가 걔네들 다 퇴학시켰어요." 윤수의 2학년 때 담임 선생님도 아이 엄마가 너무 예민하셔서 학부모들과 자주 싸우고 문제가 많았다고 하셨다.

좀 지켜보니 윤수는 자존감이 많이 낮은 것 같다는 생각이 드는 행동을 자주 한다. 친구들과 사이좋게 잘 놀다가 뭔가 수가 틀리면 쪼르르 달려와 눈물을 뚝뚝 흘리며 이른다. 상대 아이는 신나게 잘 놀다가 갑자기 그러니 너무 당황해 한다. 이런 경우가 여러 번. 오늘은 출근하는데 문자 메시지가 도착했다. 친구들이 돼지라고 하고 동물 취급한다고 속상하다는 내용이었다. 등교하자마자 윤수와 아이들을 한 명씩 불러 자초지종을 들어봤다. 가족 역할놀이를 하는데 윤수의 역할은 첫째 아이였다. 한 여학생이 "첫째들은 보통 뚱뚱하지."라고 한 말에 상처를 받아서 집에 가서 울었다고 한다. 그 여학생은 아무리 생각해도 자신은 윤수를 속상하게 한 기억이 없다고 한다. 고의가 아니었더라도 상대방이

178

상처를 받았으니 일단은 사과하게 한 다음, 윤수와 오랫동안 이야기했다. 윤수는 1학년 때부터 무슨 일만 있으면 울면서 엄마한테 이르고, 엄마는 선생님한테 일러 문제를 해결해 온 것 같다. 윤수가 늦둥이라 더 안쓰러워하고 과보호하고 계신다는 생각이 들었다. 윤수에게는 친구들과의 관계에서 스스로 해결해 나갈 수 있는 힘을 기를 수 있도록 도움을 주고 우리 반 아이들에게는 상대방을 배려하는 말하기를 할 수 있도록 지도해야겠다는 생각이 들어서 매달 한 번씩 하는 학습 생활 설문지를 돌렸다. 와, 나도 모르는 크고 작은 사건들 두세 개가 툭툭 터져 나왔다. 모두 친구들의 크고 작은 말에 상처받은 내용이었다. 모두에게 바르고 고운 말에 대해 이야기 한 후, 아이들을 하나씩 불러 마음에 매여 있던 매듭을 다 풀어 주었다. 아이들은 밝은 얼굴로 집에 돌아갔고 나는 지친 심신을 이끌고 집에 드러누웠다.

서로 상처 주는 말, 생각 없이 내뱉는 말로 인해 아이들이 많이 힘들어하고 있다는 걸 느낀 하루였다. 단기간에 해결될 수 없는 습관이나 고정 관념과 관련된 영역이라 하루 아침에 쉽게 해결되지는 않겠지만 하나하나 노력해야겠다.

한 아이를 둘러싼 해묵은 문제가 교사 앞에 놓여 있다. 그리고 교사는 문제를 해결하기 위해 적극적인 '들어주기'를 실천한다. 한 아이로부터 비롯된 문제에서 시작하여 학급 전체의 목소리에 귀를 기울이기로 한 것이다. 자세한 내용을 알 수 없지만 '학습 생활 설문지'는 아마도 아이들이 학교생활에서 겪은 여러 일들에 대해 교사에게 이야기할 수 있는 기회가 되었을 것이다.

학습 생활 설문지 내용을 바탕으로 교사는 아이들을 하나씩 불러 그간 서운했던 감정을 모두 풀어 주었다. 아이들은 밝은 얼굴로 돌아갔고, 교사는 지칠 대로 지쳐버렸다. 한 사건을 두고 일어난 교사와 아이들 사이의 다른 모습이 대조를 이룬다. 아이들의 감정이 교사에게로 옮겨 갔기 때문이다.

선생님이 처한 상황을 공감하는 교사는 많이 있겠지만 학습 생활 설문지라는 방법에는 동의하지 않을 수 있다. 어쩌면 선생님도 이런 방법이 자신을 얼마나 힘들게 할지 모르지 않았을 것이다. 교사는 왜 이렇게까지 아이들의 이야기를 들어주려고 했던 것일까? 그것은 다른 사람과의 대화가 결국 아이들을 성장하게 함을 알고 있기 때문이다. 말로 하는 대화는 물론, 모든 의사소통과 상호 작용을 통해 아이들은 자란다. 선생님은 '윤수가 친구들과의 관계에서 비롯되는 문제를 스스로 해결할 힘을 기를 수 있도록 도와주고', '나머지 아이들에게는 상대방을 배려하는 말'의 습관을 길러주고 싶었다. 그것이 오래 걸리는 일임에도 불구하고 교사는 끈기 있게 이 문제를 해결하기 위해 마음을 다잡는다.

나눔을 위한 질문

최근에 내가 귀 기울여 들어준 이야기는 무엇인가?

아이들이 귀 기울여주었으면 하는 나의 이야기는 무엇인가?

9장

새로운 세상을 보여주기

9장 새로운 세상을 보여주기

가르침이란 '새로운 세상을 보여주는 것'이다. 새로운 세상을 보여주기 위해 애쓰는 교사는 끊임없이 묻는다. 왜 이런 일이 일어났을까? 거기에는 어떤 의미가 있는가? 이로부터 아이들은 무엇을 배웠을까? 교사인 나는 어떤가? 이런 질문들은 교사의 내면에서 되돌아봄의 과정이 진행되고 있음을 보여준다. 결국 아이들이 앞으로 나아가게 될 moving forward 새로운 세상을 보여주는 교사의 가르침은 역설적이게도 그의 되돌아봄looking back에서 비롯된다. 교사의 과거와 아이의 미래가 교실이라는 현재의 공간에서 만난다. 가르침과 배움의 오묘함이다.

다음 교사들의 글에는 새로운 세상을 향해 나아가는 가르침과 배움의 오묘함이 고스란히 담겨 있다.

이야기 하나. 배움이 멈춘 바로 그곳에서

날짜를 헤아려 보니 우리가 만난 지 1년이 다 되어간다.
그는 오늘도 늘 하던 습관처럼 수업을 다 마치고 2학년
복도를 건너 3학년 우리 반 교실로 들어와 자연스레 가방을
책상에 걸어 놓고는 내 앞에 앉는다. 또한 늘 그러했듯이 내가
보여주는 한글 낱말을 떠듬떠듬 읽어 내려간다.
일부 이중모음과 받침에서 부정확한 발음을 보였지만
시원찮은 나의 반응을 살피더니 몇 번을 거듭 읽으면서
정확한 소릿값으로 수정해서 글자를 읽어낸다. 물론 거듭
읽어도 읽어내지 못하는 경우에는 나를 응시한다. 정확한
소리를 확인하면 이 활동은 마무리된다.
우리는 컴퓨터 모니터 앞으로 자리를 옮겨 자막이 있는 동요
동영상을 본다. 물론, 자막만 읽으며 음정을 붙여 넣는 부르기
활동을 빼놓지 않는다. 좋아하는 동요 몇 곡을 부르고서는
다시 앉아 짧은 받아쓰기를 한다. 엘코닌이라는 초성, 중성,
종성으로 구획이 나누어진 낱말 상자에 자모음을 써가기
시작한다.

오늘이 여름방학 3일 전이니까 방학이 지나고 가을쯤에는 글자 큰 동화책을 읽어갈 수 있을 것 같다.

"방학 동안 잘 놀고 동화책도 읽고 지내다가 개학 때 만나자."

"저는 가나다라마 밖에 몰라요. 엄마가 안 가르쳐 줬어요."

1년 전 9월의 어느 날, 한글을 들이밀고 읽어 보라는 교사의 말에 잠시 한글을 응시하더니 아이가 내뱉은 첫 마디였다. 이 아이가 1학기 동안 교실 생활이 얼마나 힘들었는지, 수업과 배움에 접근하지 못하고 이탈해 있었는지에 대해 들려주었던 담임선생님의 이야기를 상기하며 다시 질문을 건넸다.

"그럼, 선생님이랑 한글 배워 볼래?"

"예."

흔쾌한 수락은 아니었지만 일말의 기대감을 품은 눈빛이었다. 자신에게 필요했었기 때문이리라. 이렇게 시작되어 약 1년의 시간이 흘렀다. 만남이 지속되었던 비결은 뭘까? 우리는 공식적으로 방과 후 수업이나 보충 지도 시간으로 만난 것이 아니니 어떤 강제성도 없었는데 말이다. 정확하게 말하기는 어렵다. 그의 내면을 들어가 보기 전에는 말이다. 다만 교사인

내 입장에서 그 단서를 찾아보자면, 그의 필요 내지는 고통에 대한 교사의 성실한 반응이지 않았을까 생각해 본다. 한글로 적혀진 교과서나 책 자체에 스스로 접근하지 못한다는 건 친구들에게 감추고 싶은 비밀이었고 스스로에게도 만족스럽지 못한 문제였는데 담임 선생님과 학급 친구들 바깥에 있는 나, 그리고 우리 교실에서의 만남이 이런 부분을 해결해 주고 있었던 것이다. 이렇게 해석하게 되는 강한 심증이 하나 있다. 수업이 끝나고 교실 문밖에서 배웅할 때면 우린 서로에게 손을 흔들어 준다. 복도가 끝날 때까지 걸어가면서 힐끔힐끔 뒤돌아보며 흔들어 주는 그 손, 이에 기꺼이 화답하는 나의 손, 우리 수업의 끝은 이렇듯 상쾌한 인사로 마무리 되어 왔다. (혹시 어려운 수업이 끝나고 집에 가게 된 기쁨일 가능성도 배제할 수는 없다.) 그 인사는 내가 여기 서 있는 이유, 그에게는 학교를 계속 다닐 수 있는 이유를 설명해 준다.

배움이 멈춘 그 지점에서 다시 출발하는 것.

실패를 직면한 그 지점에 함께 있어 주는 것.

새롭게 딛는 한 걸음을 같이 걸어주는 것.

배움의 기쁨으로 즐거워하는 것.

자기 반 아이도 아니고 방과 후 교실을 맡은 것도 아닌데 교사는 글을 읽고 쓸 줄 모르는 아이를 위해 1년이라는 긴 시간을 기꺼이 희생했다. 아이의 고통을 보았기 때문이다. 그 고통이 새로운 희망으로 바뀔 수 있을 거라는 가능성을 보았기 때문이다.

'배움찬찬이연구회(학습부진 학생 지도를 위한 교사 공동체)'에 속한 교사들은 아이의 문제를 해결하기 위해 얼마나 열심히 공부하는지 모른다. 글에 나오는 여러 가지 교수 방법들 또한 배움찬찬이연구회를 통해 알게 된 것이다. 아이의 어려움에 대한 애정과 관심은 교사로 하여금 '공부'하게 만든다. 그리고 교사의 공부는 아이에게 새로운 세상을 보여주는 가장 강력한 힘이 된다.

글은 희망으로 가득 차 있다. 행간에서 느껴지는 교사의 보람과 즐거움이 읽는 이의 마음까지 즐겁게 한다. 특히 글의 마지막 부분에 이르러 이러한 생각은 더욱 커진다. 교실을 떠나 집으로 돌아가는 아이와 그 모습을 바라보는 교사가 서로에게 손을 흔들어 주는 장면은 아름다운 동화 속 한 장면과도 같다. 마치 어디선가 배경 음악이 흘러나올 것 같은 기분마저 든다.

교사가 누군가를 가르친다는 것은 배움이 멈추어 버린 지점에서 다시 출발하자고 손을 내미는 것이다. 실패를 경험했던 자리에 홀로 내버려 두지 않는 것이다. 그리하여 아이가 배움의 즐거움을 누릴 수 있도록 하는 것이다. 아이는 교사가 내민 그 손을 붙잡고 한 걸음 내디딘다. 새로운 세상을 향해.

이야기 둘. 읽지 못하는 아이를 바라보며

수업 시간에 집중을 전혀 못하고 주변 친구의 말과 행동에만 신경을 쓰고 반응하는 아이가 있다. 내가 이름을 부르며 대화를 하고 있는 중에도 다른 아이에게 시선이 돌아가는 아이다. 처음엔 이해가 안 되었다. 바로 앞에서 이야기하고 있는 상황에도 다른 아이에게 눈을 돌리며 그 아이와 장난을 치려고 하는지 도통 이해할 수 없었다. 이 아이는 뭐지? 작년부터 가르쳤던 아이다. 영어를 읽지도 못하고 흥미도 없는 것도 큰 이유이겠지만 기본적인 대화의 집중시간이 너무나 짧은 아이다. 일대일로 하는 대화임에도 대화에 집중을 못하는데 수업에는 오죽하랴. 맨 앞줄에 앉아 있었기 때문에 수업 중에도 개인 지도를 하면서 문제를 풀 수 있도록 했다. 그럼에도 조금만 생각해도 답을 적을 수 있음에도 답을 손으로 짚어줘야 겨우 답을 썼다.

쉬는 시간에 단어 읽기를 도와주려고 했으나 이미 마음은 친구들과 놀고 싶은 마음으로 가득 차 있었다. 겨우겨우 10개 단어의 발음을 알려 주고 연습해 오기로 약속을 했다. 솔직히 약속이 지켜지리라는 기대는 하지 않았다. 짧은 시간 동안 지도를 했으나 1시간 수업을 하는 것보다 마음이 힘들었다. 정말 '이 아이를 어떻게 도울 수 있을까?'라는 질문이 한숨에 섞여 나온다. 작년에 이어 같은 아이들을 한 해 더 맡게 되면서 더 큰 책임감을 느끼게 된다. 영어를 비롯한 다른 과목에서도 비슷한 모습을 보인다고 한다. '이대로 중학교에 올려 보내선 안 되는데...' 하며 영어를 읽기만이라도 할 수 있도록 도와주고 싶다는 생각이 들었다. 아직 이 아이에게는 배움의 때가 오지 않은 것인가? 하지만 시간은 빨리 흐르고 있다. 학교에 다니면서 어쩌면 학습의 자신감이 많이 없어진 것은 아닌지 배움의 보람에 큰 부분이 없는 아이처럼 느껴졌다. 저학년 아이보다 집중하는 시간이 짧은 아이다. 이런 아이를 볼 때마다 내가 느끼는 책임감 보다 아이들 스스로 배우려는 마음은 어떻게 생길 수 있을까 궁금해진다.

배움에 대한 욕구, 의지는 어떻게 생기는가? 어떻게 가질 수 있을까? 어떻게 아이들로 갖게 할 수 있을까? 이런 물음이 생긴다.

희망을 보여줄 수 있는 사람이 교사라고 했고 현재의 아름다움을 느낄 수 있도록 도와주는 사람이 교사라고 배웠는데 이 아이들을 만나면서 조급한 마음이 아닌 넉넉한 마음으로 아이들을 자세히 관찰하고 공감하고 대화의 시간을 늘려가며 의미 있는 과정이 되었으면 좋겠다.

작은 성취를 느끼게 해 주고 싶다. 아이가 배우면서 행복했으면 좋겠다. 다른 아이와 비교하지 않고 자신을 돌아볼 수 있는 전환점을 만들어 주고 싶다.

영어를 가르치는 선생님은 일주일에 두 번 있는 수업을 통해 아이를 만난다. 그러다 보니 아이에게 미치는 교사의 영향력에는 한계가 있을 수밖에 없다. 곧 중학교로 진학하게 될 아이의 상황이 교사의 마음을 조급하게 만들기도 한다. 아이는 이런 교사의 마음을 아는지 모르는지 크게 배울 마음도 없고, 교사와 같은 조급함도 느끼지 않는다.

어쩌면 읽고 쓰지 못하는, 배움의 즐거움도 누리지 못하는 아이를 그냥 덮어두고 나머지 아이들에 집중할 수도 있다. 그러나 선생님은 쉬운 길을 택하지 않는다. 어떻게 해서든 자신이 맡은 아이에 대한 책임을 다하고자 한다. '이 아이를 어떻게 도울 수 있을까?'라는 공동체의 질문이 교사 개인의 삶을 통해 힘을 발휘하고 있다. 공동체에서 비롯된 질문이 교사의 개인적인 가르침의 현장에 적용되고 실천되는 순간이다. 교사는 '희망을 보여줄 수 있는 사람'이고 싶다. 그리고 이와 같은 삶을 살기 위해 조급해하지 않기로 다짐을 한다. 조급하지 않지만 끈질기고 세밀하게 아이들을 가르칠 때, 결국 새로운 세상을 향한 문이 열릴 것이다.

이야기 셋. 희망을 품는 배움이 일어나는가

교육에 대해 알면 알수록 신비로운 영역임을 발견한다. 과거에는 알고 있는 지식을 쉽고 재밌게 전달하여 잘 기억할 수 있게 하는 차원이었다면 이제는 인격적인 존재가 다른 인격적인 존재에게 현재의 삶에 희망을 주는 모든 행위라고 생각해보니 너무나 어렵게 느껴진다. 그동안 아이들 앞에서의 나의 삶은 의미 있었을까? 교육적인 결과가 있었을까?

질문에 대답하기 어려워진다.

아이들에게 '희망'을 얼마나 보여주었는지 되돌아보게 된다. 미래를 위해 현재의 어려움을 참고 열심히 공부해야하는 정도를 이야기하거나 이 정도로 노력한다면 이 아이가 과연 무엇을 할 수 있을까 염려하는 부정적인 생각이 앞섰다.

미래의 삶이 무엇인지 깊이 생각해보지 않았다. 막연하게 좋은 직장, 편안한 삶, 여유로운 삶, 다른 사람을 도울 수 있는 삶, 사회 문제에도 일정 부분 감각을 갖고 해결하려는 삶 정도가 아닌가 싶다. 하지만 교육에서의 희망은 이런 차원이 아닌 것 같다. 요즘 세상에서 바라는 것은 물질적이고 눈에 보이는 것들이고 그것을 갖거나 이루면 행복해 질 거라는 정도의 희망을 이야기하고 있다. 하지만 이것은 우리가 진정 바라는 희망과는 다른 것 같다.

마트 장난감 코너에서 아버지가 장난감을 관심 있게 바라보고 있는 어린 아들에게 한 말이 기억난다. "네가 공부 잘해서 돈 많이 벌면 여기에 있는 물건 네가 갖고 싶은 물건을 다 살 수 있어. 그러니 공부 열심히 해야 돼."

지금의 교육을 생각하면 학년이 올라갈수록 물질주의

사회에서 자기 앞가림을 잘 할 수 있는 사람으로 키워내는 것이 아닌가 싶다. 어렸을 때부터 내가 즐길 수 있는 일이면 다른 것은 크게 중요하지 않은 분위기 속에 살고 있는 건 아닌가. 배우는 이유도 오늘을 살아가는 이유도 좋은 가치를 이야기하기도 하지만 큰 감흥이 없는 시대 아닌가. 희망을 갖게 되면 좋겠지만 세상은 그렇지 않다. 점점 어두워지고 있는 게 실상 아닌가. 내 마음 속에도 희망은 추상적인 것으로 치부한 것 같다.

교육을 통해 희망을 이야기해야 함에 감동을 받는다. 아이들이 살아갈 세상이 좋은 세상이 되길 바라기 때문이다. 가르치는 자로 선 내가 아이들에게 희망을 이야기하지 못한다면 이제 부끄러울 것 같다.

희망을 이야기하니 코르착 선생님의 삶이 생각이 났다. 아이들의 긴 행렬의 맨 앞에 서서 가스실로 가는 그의 마음엔 희망이 있었을까? 배고픔과 고통, 유태인들에게 닥칠 절망적인 사회 분위기 속에서 아이들에게 무엇을 가르쳤을까? 그는 그 상황에서도 희망을 교육했을 것 같기에 마음이 먹먹해진다. 오히려 코르착 선생님과 함께 있던 아이들의 마음에는 함께 걷는 선생님 때문에 희망이 있었을 것 같다. 이런 생각을 하니 교사인 나는 어떻게 살아야 되는지 마음이 괴롭다. 희망을 어떻게 가르쳐야 될까?

아이들 한 사람 한 사람을 소중하게 여기며 그들의 가능성을 잘 발견하게 해주고 경험하게 해줄 수 있을까? 교육적으로 바라보고 생각하게 하고 느끼게 해 줄 수 있는 능력이 내겐 없음을 느낀다.

어떻게 살아야 하는가? 어떻게 가르쳐야 되는가? 어떻게 배워야 되는가? 나는 무엇을 해야 하는가? 이런 질문으로 다시 돌아오게 된다. 아이들은 무엇을 배워야 하는지 묻게 된다. 우리 사회가 배움의 내용에 대해 제대로 규정하고 있는가? 아이들이 공감하고 있는가? 이제는 초등학생 때부터 느끼는 입시, 성공, 부자에 대한 생각을 밀어내고 또한 실패, 절망, 우울, 불안 등에서 벗어나 자유롭게 상상하고 희망할 수 있는 배움이 가능한가? 질문하게 된다.

희망으로 가득한 글이 있는가 하면, 이렇게 답답한 마음이 짙게 묻어나는 글도 있다. 계속되는 질문의 행렬이 교사의 답답한 심정을 잘 보여주는 듯하다. 경력이 얼마 되지 않았을 때의 교사는 그저 잘 가르치고 아이들과 좋은 관계를 유지하는 것으로부터 교직의 의미를 찾았다. 그러나 시간이 흐름에 따라 가르침의 의미에 대한 보다 깊은 차원으로 나아가게 되면서 이전에 생각하지 않았던 여러 질문이 교사의 마음을 힘들게 한다. 경험과 경력이 쌓일수록 수월해지면 좋으련만 누군가를 가르친다는 것은 알면 알수록 어렵다.

　　물론 선생님이 던지는 질문은 대부분 즉각적인 답을 찾기 어려운 것들이다. 어쩌면 교사로서의 삶을 마무리하는 순간까지 답을 찾지 못할 수도 있다. 그럼에도 불구하고 그 과정에서 분명 얻게 되는 깨달음이 있기에 교육은 '신비로운 영역'이다.

　　어려운 상황 속에서도 그는 희망을 이야기한다. 당장 아이들을 바꿀 수 없을지 몰라도 그들이 처한 환경이나 살아가는 사회를 변화시킬 수는 없어도 결국에는 희망으로 나아가는 길을 꿈꾸고 있다. 그리고 교사의 질문은 희망 가득한 새로운 세계로 연결되는 출발 지점이 된다. 물론 질문을 던지는 것만으로 충분하지 않다. 교사는 그가 던진 여러 질문을 가르침의 현장에서 깊이 성찰해야 하며 자신의 삶을 통해 답을 찾아가야 한다. 공동체는 그 과정에 큰 힘을 실어 준다. 공동체에 속한 교사들은 함께 협력하며 답을 찾아가는 여정에 동참한다.

이야기 넷. 특별한 전학

한 학기가 끝나기도 전인 6월 초 즈음, 한 학생이 "선생님, 저 전학 가요."라고 말했다. 학급의 부회장이기도 했고, 평소에 성실하고 진지한 태도로 수업에 임하는 학생이었다. 쉬는 시간이면 교사 책상 모니터 위에 얼굴을 턱 하니 올려놓고 어제 하교 후부터 오늘 등교하기까지 자신에게 있었던 일들, 그때 느꼈던 감정들을 미주알고주알 이야기하던 학생이었다. 그렇기에 정이 더 많이 들었던 학생이었고, 전학을 간다는 말을 들었을 때 심장이 쿵 하고 내려앉는 느낌이었다.

며칠 뒤 학부모님께 연락이 왔다. 6월까지만 서울에서 학교를 다니고 7월부터는 타 지역으로 전학 가는 것으로 결정했다는 내용이었다. 이 사실을 안 직후 우리 반 구성원 모두는 그 학생이 전학 가기 직전 주에 어떤 즐거운 추억을 만들 것인가 삼삼오오 모여 아이디어를 모으기 시작했다.

물총 놀이, 과일 파티, 우유 빙수 만들기, 여왕 피구 (전학 가는 학생이 여학생이었다.), 자리 마음대로 앉기 등의 아이디어들이 나왔다. 전학 가는 친구와의 추억을 만들기 위해 하는 활동이라고 주장하였으나 자신들이 평소에 하고 싶었던 것들을 말한 것 같았다. 어쨌거나 특별한 추억을 함께 만들고자 고민하는 모습이 퍽 감동적이었고 친구들이 자신을 위해 고민해 주는 모습을 바라보는 그 학생의 눈빛에서도 고마움과 흐뭇함을 읽을 수 있었다.

나도 이 상황 속에서 학생들에게 어떤 추억을 만들어 줄 것인지, 어떤 배움의 장을 열어줄 것인지 고민이 많이 되었다. 나는 고민 끝에 사진을 활용한 미술 수업을 계획했다. 카메라의 조리개 노출 시간을 길게 하여 빛의 움직임을 연속적으로 기록하는 활동이었다.

전학 가는 학생이 6월의 마지막 주 금요일까지만 우리와 함께 하는 상황이므로 한 주 앞서서 수업을 진행하였다. 내가 준비한 아이디어를 반 학생들에게 제안하였고 다행이 학생들은 사진이 신기하게 나온다며 큰 호응을 해주었다. 그렇게 미술 수업은 시작되었다.

모둠별로 4글자 이하로 전학 가는 학생에게 하고 싶은 말을 정한 뒤, 사진 작품 남기기에 돌입했다. 학생들은 1인칭 시점 그대로 글씨를 쓰면 사진에도 그렇게 나올 것으로 생각하고 각자의 핸드폰 손전등 기능을 켜놓고 연습을 하고 있었다. 실전에서 사진을 찍고 결과를 확인하게 하였다. 좌우가 바뀐 글씨가 나오는 것을 발견하고는 바로 고민하기 시작한다. 이미 수학 시간에 도형의 이동(밀기, 돌리기, 뒤집기)에 대해 배웠기에 이내 모둠끼리 우리의 글자를 표현하기 위해 어떻게 움직일지에 대한 문제를 해결하며 사진 작품 남기기가 순조롭게 진행이 되었다.

흥미로운 상황이 연출되었다. 전학을 가는 학생이 사진 찍기에 참여하면서 전학을 가는 자기 자신에게 할 말을 스스로 하는 꼴이 된 것이다. 전학 가는 학생은 이런 상황은 안중에도 없는 듯 함박웃음을 지으며 자기에게 맡겨진 자음과 모음을 어떻게 움직여서 표현할 것인가에 몰두하여 연습하는 모습을 보였다. 실제 촬영이 시작되면 꽤나 진지한 표정을 지으며 신중하게 자신의 역할을 수행하려고 노력하는 모습이었다. 전체적인 상황이 얼마나 귀엽고 재미있던지 카메라의 셔터를 누른 뒤 액정에서 눈을 떼고 그 학생을 비롯한 다른 학생들을 직접 눈으로 바라보았다. 어쩌다 눈이 서로 마주치면 웃음이 터져 나와 같은 글자를 몇 번씩 반복해서 찍기도 하였다.

전학 가는 학생을 위해 함께 고민하던 분위기는 2주 정도 지속되었던 것 같다. 그 분위기 속에서 전학 가는 학생은 무엇을 느끼고 생각하며 배웠을까? 또 전학 가는 학생을 위해 머리를 맞대던 다른 학생들은 무엇을 느끼고 생각하며 배웠을까? 그리고 이 장면을 바라보는 나는 무엇을 꿈꾸고 있는 것일까? 다시 이 장면을 돌아보니 씹을수록 다양한 맛이 스쳐 가는 삼합을 먹은 느낌이다.

전학 가는 친구를 위해 아이디어를 모으고 여러 가지 추억 만들기를 준비하는 2주의 시간 동안 교사와 아이들은 많은 경험을 했다. 그들의 추억에는 수학이나 미술 수업도 들어있고, 교과 교육과정과 직접적인 관계가 없는 다양한 활동들도 들어있다. 그것이 무엇이든 무슨 상관이겠는가? 거기에는 가르침과 배움이 있고 전학이 아니었으면 경험하지 못했을 소중한 추억이 깃들어 있다. 한 아이의 전학이 학급 전체를 그야말로 배움이라는 축제의 장으로 변화시키고 있다. 헤어짐의 아쉬움이 더불어 배우는 즐거움으로 승화되고 있다. 지금까지 듣고 경험했던 아이의 전학과 관련된 그 어떤 이야기보다 유쾌하면서도 잔잔한 감동을 주는 글이다.

잠시 교사에게 되돌아봄의 시간이 찾아왔다. 그리고 지난 2주의 시간을 천천히 곱씹는다. 그 과정에서 교사 자신은, 아이들은 무엇을 배우고 경험했는지를 돌아보고 있다. 유난히 교사와 정이 많이 들었던 아이는 이 교실에서 함께 했던 좋은 기억을 마음에 담고 새로운 곳을 향해 떠나갔을 것이다. 그리고 남아 있는 교사와 아이들도 이전과는 다른 모습으로 한 걸음 더 자랐을 것이다.

나눔을 위한 질문

아이들에게 보여주고 싶은 새로운 세상은 무엇인가?

그런 세상으로 나아가기 위해 오늘 내가 할 수 있는 일은 무엇일까?

10장

삶의 희망을 노래하기

10장 삶의 희망을 노래하기

교사는 가르침을 통해 삶의 희망을 노래한다. 삶의 희망을 노래하는 교사의 가르침은 특별한 교사들에 의해서만 일어나는 것은 아니다. 이러한 극적인 사건이 일어나기까지 교실에는 평범하지만 그래서 견고한 '일상'이 든든하게 자리 잡고 있다. 그리고 '평범한, 너무나도 평범한' 일상이 이런 결정적인 사건을 더욱 빛나게 한다. 묵묵히 자신에게 주어진 가르침이라는 일을 감당하는 많은 교사들, 겉으로 화려해 보이지 않아도 일상의 삶에서 의미를 찾는 이 땅의 수많은 교사가 있기에 가르친다는 것은 여전히 우리의 삶에 희망이 있음을 노래하는 것이다.

다음 글을 통해 우리는 희망으로 가득한 삶을 노래하는 교사들의 삶을 만날 수 있다.

이야기 하나. 2년 만의 용서

등교 후 '마음날씨'를 쓸 때마다 '학교가 참 싫다. 학교가 폭파되었으면 좋겠다'고 너무나 진솔하게 마음을 표현했던 지석이. 학교에 오고 싶어 하는 마음이 들게 하고 싶어서 부탁했던 사회 비주얼 씽킹 학습지를 몇 번 만들어보더니 그만하고 싶다고 한다. 하지만 이를 계기로 부쩍 친근해졌다. 내가 편해졌는지 학습지 상단부에는 항상 내 얼굴을 그려 넣는다. 쉬는 시간에도 몰래몰래 내 동태를 살피면서 내 얼굴을 연습장에다 그려 가지고 와서 보여준다. 일본 만화에 나오는 전형적인 수염 달린 아저씨 얼굴이 대부분이다. 이왕 그리는 것 다음에는 면도도 하고 눈 좀 크게 그려 달라고 웃으며 받는다. 몇몇 애들이 지석이가 자기 얼굴을 이상하게 그려놨다고 투정을 부리면 지석이가 그린 내 얼굴 그림을 보여주며 '그래도 이것보다는 낫지 않냐'며 조용히 무마시킨다. 10년 전에 만났으면 아마도 날 우습게 여긴다 생각하고 아마 화를 내었을 듯싶다. 예전이 아니라 지금 만나서 다행이다.

개인적인 친밀감과는 상관없이 여전히 이 아이의 마음날씨는 '괴롭다'로 시작한다. 또한 수학 책에 답을 쓰라고 하면 '0~100 사이', '알 수 없음', '모름'이라 쓴다. 그간 접해 보지 못했던 강적이다. 완전 귀차니즘으로 똘똘 뭉쳐있다. 그래도 내가 말하면 귀찮음에도 불구하고 샤프를 드는 것이 감사하다.

그러던 어느 날. 도덕 시간에 용서와 관련된 이야기를 하다가 '어쩌다 어른'에 나오는 '초등학생이 말하는 위드유with you' 영상 클립을 아이들과 같이 보았다. 수학여행 때 숙소에서 자기의 바지를 벗기고 사진 찍으려고 하는 아이들 때문에 지금도 잘 때 바지를 잡고 잔다는 5학년 아이의 고백. 모두들 웃으며 괴롭힐 때 "그러지 마!"라고 외쳐 주었던 2명의 친구 때문에 아직 죽지 않고 학교 다니고 있다는 고백에 아이들도, 나도 눈시울이 붉어졌다. 가해자 아이들이 나와서 사과하자 내가 더 이상 악몽을 꾸지 않게 되는 날 사과를 받아주겠다고 말하는 것을 보고 아이들에게 생각을 정리하여 글로 써 보자고 했다. 영상을 본 소감이나 다짐과 아울러 '내가 지금까지 용서하지 못하고 있는 사건이나 누군가 나 때문에 저 아이처럼 지금도 상처받고 있을 것 같은 경우가 있을지 적어 보도록 하였다.

평소에는 한두 줄만 쓰고 엎드려 있던 지석이가 웬일인지 오랫동안 쓰고 있다. 공책을 걷자마자 지석이 글부터 찾아봤다. 4학년 때 자기에게 나쁜 말을 퍼붓고, 이유없이 발을 걸어 넘어뜨리고 괴롭혔던 2명의 아이를 여전히 용서하지 못하고 있다고 담담히 고백하고 있었다.

정말 심하게 괴롭혔던 한 명은 다른 반이고 다른 한 명은 우리 반에 있었다. 더군다나 같은 모둠에 있었다.

'이 아이에게 학교 오는 것이 괴로운 이유 중에 이 사건이 큰 비중을 차지하고 있었겠구나.' 알게 된 이상 풀어주고 싶은 마음이 굴뚝같았다.

다음 날 아침. 어학실에 가기 전에 가해자였던 아이를 불러 이야기를 나누었다. 그런 사실이 있었다고 자기도 기억하고 있었다. 선생님이 시켜서 그때 사과했기에 다 끝났다고 생각했었는데 이걸 아직도 기억하고 있어서 놀랍기도 하고 미안하다고 한다. 진심으로 다시 한 번 사과할 수 있겠냐는 말에 하겠다고 이야기해 줘서 감사했다.

점심시간에 둘만 따로 협의실로 불렀다. 약속한 대로 사과하는 시간을 가졌다.

"지석아, 이 아이가 하는 사과에서 진심이 느껴지니? 너에게 진심이 느껴지지 않으면 사과한 것이 아니라고 생각해."

"네, 진심이 느껴져요."

"그럼 용서해 줄 수 있겠니?"

"네, 용서해 줄게요."

다행이었다. 더 심하게 괴롭혔던 아이는 조만간 담임 선생님의 양해를 구하고 만나는 시간을 가질 예정이다. 6학년이 되어 처음으로 환하게 웃는 지석이를 보며 내 마음의 짐도 한꺼풀 벗은 느낌이다. 그 다음날 어떤 마음 날씨를 써서 낼까 작은 기대가 되었다. 부디 긍정적인 것이면 좋겠다는 마음으로 펼쳐 본 공책에는 이전과 바뀌어 있었다.

'귀찮다 - 학교 오느라 일어나는 것이 귀찮다.'

그래도 이게 어디냐. '괴롭다'에서 '귀찮다'로 바뀌었으니.

아직 갈 길이 멀지만 이 아이를 만나게 된 이유가 분명 있는 것이고 시간이 가면서 그 이유들이 한꺼풀씩 드러나고 있음에 감사하다.

교사의 헌신적인 노력과 가르침으로 아이가 극적으로 변한다면 얼마나 좋겠냐마는 현실에서 이런 일은 자주 일어나지 않는다. '위험에 처한 아이'의 여러 사례에 관한 교사 공동체의 글들도 해피엔딩으로 끝나는 경우는 많지 않다. 오히려 아이를 바라보는 교사의 관점이 바뀌었다는 경우가 더 많다. 그러나 가끔은 이처럼 아이의 변화를 감지할 수 있는 글이 있다. 물론 그 과정에는 반드시 교사의 수고가 들어있다.

무려 2년이라는 시간이 지났음에도 아이의 마음에는 그날의 사건이 상처로 남아 있다. 수업에서 동영상을 시청하고, 그에 대한 후속 활동을 하는 과정에서 그 상처가 2년 만에 다시 수면 위로 떠올랐다. 어쩌면 우연히 벌어진 일이라 생각할 수도 있겠지만 교사는 그 우연의 순간마저 놓치지 않는다. 이 아이에게서 시선을 떼지 않았기에 가능한 일이었을 것이다. '이 아이의 글부터 찾아봤다', '풀어주고 싶은 마음이 굴뚝같다', '무엇을 써서 낼까 기대했다'는 말에서 교사가 얼마나 이 아이에게 집중하고 있는지 엿볼 수 있다.

2년 만의 진심어린 사과와 이를 조심스럽게 중재하고 있는 교사의 개입을 통해 아이는 웃음을 되찾았다. '괴롭다'에서 '귀찮다'로 바뀐 것은 절대 작지 않은 변화다. 언젠가 '귀찮다'보다 더 희망에 찬 표현으로 바뀔 날도 올 것이다. 교사의 돌봄과 아이의 변화가 손바닥을 맞부딪혀 소리를 내는 순간이 있는 한, 학교에는 아직 희망이 있다. 그 희망을 노래할 이유가 있다.

이야기 둘. 삶으로 이어지는 배움

더위를 피해 카페로 들어선다. 무심코 음료를 주문하려는데 '아차, 컵!' 사회 시간에 아이들에게 가르친 내용이 생각나서 매장에서 마실 테니 머그컵에 달라고 요청한다. 음료를 받고 테이블로 이동하려는데 너무 차가운 음료라 빨대를 쓸까 말까 고민하다가 바다거북이 동영상이 생각나 그냥 컵에 마시기로 한다. 차가운 음료가 치아에 바로 닿아 시릴 때마다 문득 '빨대를 쓸걸 그랬나?' 싶지만 이내 다시 빨대를 꺼내지 않은 걸 잘한 일이라 생각하고 그냥 마신다.
주위를 둘러보니 대부분의 매장 안의 사람들이 테이크아웃 컵을 사용하고 있다. 익숙한 광경이지만 음료를 담는 플라스틱 컵이 혼합 재질이라 재활용도 되지 않는다는 사실을 알고 나니 저 많은 컵들이 또 어디로 갈까 하는 생각에 마음이 어려워진다.

210

플라스틱 빨대와 테이크아웃 컵 퇴출 뉴스로 시끄러운데 아직 법제화까지 되지 않은 터라 이렇게 매장 안에서도 머그컵을 사용하지 않는 사람들이 많은 것 같았다. 우리 반 아이들도 나와 같이 이런 고민을 하며 지내고 있을까? 환경 프로젝트 수업은 아이들의 실제적인 삶에 얼마나 영향을 미치고 있을까?

퇴근길에 우리 반 아이와 마주쳤다. 학원에 가는 길인 것 같았다. 아이의 손엔 시원한 슬러시가 들려 있다. 반갑게 인사를 하고 지나치는데 씁쓸한 마음이 들었다. 환경 수업 때 가장 발표도 활발히 하고 건강한 먹거리의 중요성에 대해서도 아이들에게 논리적으로 설득하던 학생인데 화학 색소와 과당이 듬뿍 담긴 슬러시를 맛있게 먹고 있다.

어른도 아는 것을 실천하는데 많은 갈등이 드는데 아이들은 더 힘들겠지. 식품 첨가물의 유해성과 바른 먹거리의 중요성에 대해 정말 열심히 배웠는데 아이가 슬러시를 살 때 이전 보다는 약간의 갈등을 좀 했을까? '조금이라도 망설였을 거야'라고 추측하며 아쉬운 마음을 달래본다.

5학년 1학기 2단원은 환경을 주제로 구성되어 있다.

환경 보존과 개발의 폐해 등을 다루는 단원인데 아이들의 삶과 더 긴밀히 연결되는 환경 수업이 되기를 바랐다.

아이들과 환경 프로젝트 수업을 할 즈음에는 GMO나 비닐 쓰레기 대란으로 환경에 대한 관심이 집중되던 때였다. 먹거리, 쓰레기, 에너지라는 주제로 아이들과 각 주제별로 문제점을 조사하고 해결책을 논의하며 환경 마을 활동으로 삶에 적용해 보는 활동으로 단원을 재구성하였다.

과자 속 식품 첨가물 조사하기, 유기농 제품 구입하여 마크 모으기, 공장식 축산과 GMO의 폐해 알아보기, 내가 버린 쓰레기 1주일간 조사하기, 영화 〈플라스틱 차이나〉를 감상하고 소감 나누기, 폐비닐 대란의 원인과 대책 알아보기, 학교 운동장 쓰레기를 주워 와서 함께 분리수거 해보기, 원자력 발전의 위험성 알아보기 등 2달간 사회와 실과 시간에 환경을 주제로 여러 활동들을 진행하였다.

실천해야 된다는 것은 알지만 아직은 아닌 것 같은 환경 보호. 해마다 환경 프로젝트를 진행하였지만 올해는 더욱 시급한 문제임을 아이들과 수업을 하면서 나는 더 절실하게 느꼈다. 쓰레기 문제에 대해 아이들과 함께 조사한 내용들이 이전에 알고 있지 않은 것들이라 더 그랬다. 평소에 분리수거를 잘 했다고 생각했는데 분리해서 버린 플라스틱이나 비닐이 거의 재활용되지 않고 있고 대부분이 가난한 나라로 수출된다는 사실이 정말 충격적이었다. 분리해서 잘 버리는 것보다 쓰레기 자체를 줄이는 것이 시급한 문제임을 나누었다.

그러기 위해서는 소비 지향적인 태도를 바꾸고 제품을 생산하거나 선택할 때에도 재활용이 가능한지를 고려하는 것이 중요하다고 이야기했다. 이를 위해 제도적으로 법안이 마련되어야 함을 아이들과 나누었다.

마을 활동을 하면서 환경 포인트를 모으기 위해 아이들이 운동장에 있는 쓰레기를 한 가득 모아 왔다. 교실에서 함께 분리수거하고 페트병의 라벨을 떼고 헹구는데 "라벨을 왜 이렇게 잘 안 떼어지게 만들었을까요.", "선생님 이 페트병 색이 화려해서 재활용도 안 되겠는데요.", "냄새가 너무 심해요."라고 아이들 입에서 다양한 이야기가 나온다. 실제로 경험해 보니 분리수거와 쓰레기 문제의 심각성을 더 알게 된 것 같다.

"우리가 버린 쓰레기인데 우리가 제대로 분리하지 않으면

중국 마을에서 우리보다 더 어린 아이들이 이런 일을 할 테니 열심히 해보자!"

다큐멘터리 영화 〈플라스틱 차이나〉에서 본 장면을 아이들과 함께 나누며 힘들어하는 아이들을 다독였다. 에너지 영역에서는 후쿠시마와 체르노빌 원전사고의 후유증과 영화 〈판도라〉를 감상하며 편리하게 쓰고 있지만 참 불편한 원자력 발전의 위험성을 살펴보고 친환경 에너지의 중요성을 알아보았다.

환경 프로젝트 마지막 단계에서는 그동안 배운 3개의 주제를 모둠별로 하나씩 선택하여 환경 박람회를 열었다. 주제별로 내용을 친구들에게 설명하여 주고 관련된 체험 활동을 해 보는 시간이었다. 아이들이 그동안 배운 내용을 얼마나 소화시켰을까 궁금했다. 박람회를 준비하며 스스로 발표 자료를 만들고 열심히 설명하는 모습을 보았다. 역시 남이 주는 지식보다 스스로 배우는 지식에 훨씬 열정적이라는 사실을 알 수 있었다.

3모둠당 한 타임씩 우리 반 절반의 학생들에게 1대1로 자신이 준비한 것을 설명해야 하기에 아이들은 최소 12번은 발표를

하게 된다. 박람회에 참가하는 학생들도 12번을 경청해야 하고
다음 타임에서는 자신도 발표를 해야 하기 때문에 참여자나
준비자나 모두 열심으로 친구들의 발표에 참여한다.
먹거리 부스에서는 유기농 과자와 일반 과자를 시식해 보고
맛과 성분을 비교해보는 활동을 준비하였다. 일반 과자가
더 짜고 맛있었지만 아이들이 실제로 성분을 확인해 보며
유기농 과자를 자주 사 먹어야겠다고 다짐하고 부스를
나선다. 쓰레기 부스에서는 실제로 쓰레기들을 가져와서 직접
분리수거 해보는 활동을 준비하기도 했다. 아이들은 페트병의
라벨지가 잘 안 떼어진다는 것을 몸소 체험하였다.
집에서 분리수거를 하며 페트병을 그냥 버릴까 하다가
〈플라스틱 차이나〉 속의 각 나라에서 수입된 쓰레기 더미
위에서 아기를 업고 페트병의 라벨지를 떼고 있던 여인의
모습이 떠올랐다. 아이들에게도 배움의 일부가 마음에 남아
삶의 습관에 제동을 걸어 주길 바라며 페트병을 다시 주워
내용물을 헹구고 라벨지를 떼 낸다.
교사의 마음을 뜨겁게 하는 것들이 학생들에게도
그러하였으면. 지식으로 머물거나 일회성에 그치는 배움이

아닌 삶이 되고 습관이 되는 배움이 되었으면.

나의 부요함과 안락함이 이웃에게 고통을 줄 수 있음을 인식하며 부채 의식을 가지고 이웃을 돌아보고 섬기는 삶을 당연시 여길 수 있었으면….

교사가 초등학교 5학년 1학기에 '환경'이라는 주제를 다루면서, 프로젝트 수업을 계획한 데에는 그럴 만한 이유가 있다. 그것은 교사이기 전에 시민으로서, 이 땅에 발붙이고 살아가는 존재로서 환경에 대한 책임감을 가지고 있기 때문이다. 글의 초반에 나오는 두 가지 에피소드가 이러한 사실을 잘 보여준다. 교사는 자신의 삶에서 나온 문제의식이 가르침의 공간으로 들어오고 이를 통해 일어난 배움이 다시 아이들의 삶으로 이어지기를 기대하는 것이다. 가르침과 배움은 진공 상태에서 일어나지 않는다. 우리가 살아가는 삶과 깊이 연결될수록 진정한 의미의 교육이 가능하다.

"교사의 마음을 뜨겁게 하는 것들이 학생들에게도 그러하였으면. 지식으로 머물거나 일회성에 그치는 배움이 아닌 삶이 되고 습관이 되는 배움이 되었으면. 나의 부요함과 안락함이 이웃에게 고통을 줄 수 있음을 인식하며 부채 의식을 가지고 이웃을 돌아보고 섬기는 삶을 당연시 여길 수 있었으면."이라는 글의 끝맺음이 잔잔한 여운을 남긴다. 가르친다는 것은 손에 잡히지 않는 그 어떤 것을 향할 때도 있지만 이렇게 우리가 발을 딛고 살아가는 '여기 그리고 지금here and now'의 세상과 분리되어서는 안 된다. 삶과 이어질 때 가르침과 배움에 희망이 있다.

이야기 셋. 특별한 방문

6월의 마지막 주, 전학 가는 학생을 위한 우리 반의 계획이 결실을 맺었어야 할 시기이다. 그러나 내가 건강상의 문제로 병가에 들어가게 되었다. 병가를 들어간 순간부터 학생들과 학부모님들의 문자, 전화가 수십 통 이어진다.
또 그동안 수업 장면을 공개해 왔던 '밴드' 어플도 나의 안부를 묻는 학부모님들의 문의 글과 응원 댓글이 계속 울린다. 이것들의 내용을 살펴보면 흥미롭다. 큰 틀에서 그 내용을 설명하자면, 학생들은 "그동안 준비했던 것들을 해야 하니까 선생님 빨리 오세요."라고 요약되고 학부모님들은 "학생들이 선생님을 기다려요. 빨리 돌아오세요."라고 요약된다.

몸 상태가 어떤지는 묻지도 않고 그저 "빨리 오세요."라고 말하는 아이들의 말에 솔직함이 묻어나서 좋았다. 함께 고민하고 함께 준비한 시간들을 고대하는 그 마음이 나에게도 너무나 크게 자리 잡고 있었기에 "빨리 오세요." 라는 말이 "빨리 나으세요."보다 더 반갑게 들렸던 것 같다. 보다 '배움'의 측면에서 생각해 보게 된다. 만약 내가 '추억 만들기'라는 방향으로 함께 준비하고 고민하는 과정들을 진행하지 않았다면 학생들은 병가에 들어간 나에게 뭐라고 말했을까?

맥락을 고려하지 않고 분절된 지식을 전달하며 배우기(외우기)를 강조하는 수업들로만 계속 이어졌다면 학생들은 '빨리' 오라고 했을까?

우리와 함께 하던 한 학생이 전학 간다는 일은 참 슬픈 소식이었지만, 이 상황을 통해서 우리 모든 구성원들에게 또 다른 배움의 장이 열린다는 것을 직감할 수 있었다.

나의 병가로 인해 우리 반이 함께 계획했던 모든 것들은 한 순간에 신기루처럼 사라져 버린 상황에서 그 학생은 전학을 갔고, 7월이 되었다. 남은 학생들은 나에게 계속 전화를 걸어서 어떻게 된 거냐고, 왜 안 오냐고 볼멘소리를 했다. 병원에 누워 있으면서 너무나 미안한 마음이 들었다.

그렇게 며칠간 입원 후 퇴원하였다. 집에서 약을 복용하며 휴식을 취했고 병가는 1학기가 끝날 때까지 이어졌다.

8월이 되어 전학 간 학생을 직접 찾아가기로 했다. 전학 간 곳은 대천이었다. 학부모님께 미리 연락을 드려 시간과 장소를 정하고 약속한 때와 장소에서 그 학생을 다시 만났다. 약속 장소는 바닷가가 보이는 카페였는데 한 걸음 가까워질 때마다 정말 두근두근 심장이 빠르게 뛰었다.

안이 훤하게 보이는 카페가 보이기 시작했는데 그 학생도 같은 마음이었는지 카페 안에서 계속 창가 쪽을 바라보고 있었다. 그러다가 창을 통해 눈이 마주쳤고 학생은 카페 밖으로 종종 뛰어나오며 나를 맞이해 주었다.

그런데 이 학생은 처음에만 눈을 마주쳤을 뿐 그 후로는 시선을 계속 피했다. 배시시 웃기만 할 뿐 말이 없었다. 잘 지냈니? 밥은 잘 먹니? 많이 기다렸니? 뭐 먹고 싶어? 등의 묻는 말에는 대답을 하지 않는 것이다. 너무 대답을 해주지 않아서 생색을 좀 냈다.

"선생님이 여기까지 오는데 두 시간 반이나 걸렸어!"

그러자 학생이 조용한 목소리로

"선생님 오실 줄 알았어요."라고 한마디를 했다.

시간이 지나 지금 생각하니 가슴이 더 저려온다. 눈도 안 마주치고 이 말을 하는 학생의 표정 속에서 나에 대한 반가움과 깊은 실망감이 섞여 있는 느낌을 받았다. 그래서 바로 질문을 바꿨다.

"전학 가기 전 마지막 때 선생님이 없어서 많이 화났지?"

(고개를 끄덕 한다.)

"선생님하고 친구들하고 준비했던 것을 못해서 많이 서운했지?"

(잠시 천장을 보다가 고개를 끄덕 한다.)

"선생님이 마지막까지 함께 못 있어줘서 정말 미안해. 선생님도 학교로 가고 싶었는데, 건강이 좋지 못해서 못 갔단다. 혹시 선생님을 용서해 줄 수 있겠니?"

(천장을 보다가 팔다리를 배배 꼬면서 위아래로 고개를 크게 한 번 끄덕인다.)

그 뒤로 한 시간가량 그 학생과 대화할 수 있었다.

새로운 학교에 대해서, 새로운 환경에 대해서, 함께 하지 못하는 동안 서로에게 느꼈던 생각들과 감정들에 대해서. 그리고 만남의 순간을 짧은 동영상으로 찍어 밴드에 올렸다. 병가 들어간 이후 약 한 달 정도 활동이 멈춰 있던 밴드에 댓글이 달리고 그 댓글에 답변을 다는 상황이 이어졌다. 몸 상태가 어떤지 어떻게 여기에 왔는지 등에 대해서는 일절 말하지 않았지만 전학 간 학생을 내가 만나러 갔다는 것, 그리고 댓글로 소통하며 서로의 안부를 묻는 상황이 펼쳐진 것으로 학생들과 학부모님들과 내가 느끼고 배우는 것들이 각각 있었을 것임을 확신한다.

아마 학생들은 개학을 엄청 기다리고 있지 않을까? 내가 개학을 기다리고 있는 것처럼. 우리가 함께 이야기할 것들이 너무나 많기에, 또 어떤 배움이 펼쳐지게 될 지, 2학기가 정말 기다려진다.

어떤 사람은 교사의 이런 행동이 아이로 하여금 새로운 학교에 적응하는데 도움이 되지 않을 것이라 생각할 수 있다. 어쩌면 새로운 담임 교사에게 부담을 주는 것일 수도 있다. 그럼에도 불구하고 한 아이를 향한 교사의 사랑과 열정만큼은 그 누구라도 인정하지 않을 수 없다.

눈치를 챘겠지만 이 글은 앞서 전학을 하게 된 친구를 위해 학급 전체가 다양한 추억거리를 준비하는 과정에서 일어난 가르침과 배움에 관해 썼던 글과 같은 선생님의 글이다. 약 2주에 걸쳐 야심차게 준비했던 과정의 결말은 예상 밖이다. 갑작스러운 건강상의 이유로 병가를 내야 했던 교사, 결국 담임 선생님과 마지막 시간을 함께하지 못했던 아이, 아쉬움 속에 친구를 보내야 했던 그 반의 아이들. 교사와 아이들은 기대했던 만큼 큰 실망감을 느꼈을 것이다.

그렇게 전학 간 아이를 잠시 만나기 위해 교사는 왕복 다섯 시간이 넘는 거리를 마다하지 않았다. 아이를 만나러 가는 길에 심장이 뛰기까지 한다. 그렇게 만난 교사에게 아무런 대답도 하지 않는 아이에게서 상실감이 얼마나 컸을지, 그리고 "선생님 오실 줄 알았어요."라는 말에서 그럼에도 불구하고 얼마나 선생님과의 만남을 고대하고 있었는지를 짐작할 수 있다.

"2학기가 정말 기다려진다."라고 하는 선생님을 만나게 된다면 아이와 부모에게 그보다 큰 복은 없다. 그런 선생님을 통해 아이들은 학교를 사랑하게 되고 부모들은 교육에 희망이 있다고 신뢰하게 될 것이다.

이야기 넷. 잃어버린 아흔아홉 마리의 양

한 남자아이가 있다. 소문이 무성한 요주의 인물이다.
이 아이는 친구들을 괴롭히고 욕을 하며 폭력과 협박이 언제
나올지 모른다. 수업에 전혀 집중하지 못하고 미디어의 저급한
소재들을 가져와 나쁜 문화를 전파하기도 한다. 종종 부모와
교사를 속이고 번번이 학교와 학급의 규칙을 어기기도 한다.
하지만 평소에는 즐겁게 학교 생활을 하며 인사성도 좋아서
첫 만남에서는 아이의 그런 면모를 조기에 파악하기 어렵다.
이전 담임 교사를 통해 아이에 대해 자세히 전해 들었지만,
지켜봐야겠다는 마음이 생긴 것은 이 아이에게 바르게
행동하려는 태도가 있었기 때문이다. 하지만 불찰이었을까.
자신을 숨기고 있다가 어느새 사건들을 만들기 시작하는데
정말 걷잡을 수 없었다. 결국 한 여자아이를 모래사장에
쓰러뜨린 다음 얼굴을 가격하고 모래를 집어다 얼굴에 뿌리는
큰 사건이 터지고 말았다. 이전 담임 교사의 말을 전해 듣고도
지켜보겠다던 내 생각 때문에 한 여자아이가 큰 상처를
입었다.

나도 다시 이전의 담임 선생님과 비슷한 태세로 전환하였다. 나에게는 뭔가 다른 방법이 있을 것 같았는데 허무한 느낌이 들었다. 그날 이후부터는 매일 먼저 주의를 주고 사건 발생 방지의 차원에서 친구들과의 놀이 시간에 종종 분리해 놓았다. 하지만 계속적으로 폭력, 여성혐오와 과한 행동이 반복되자 어쩔 수 없이 아이 아버지에게 상담을 청했다. 엄마에게 요청하지 않은 이유는 이전 담임 선생님의 권유 때문이다. 어머니와의 상담이 그렇게 잘 되지는 않았다는 조언이었다. 아버지는 아이에 대한 안타까움으로 진지하고 열성적으로 상담했지만 오랫동안 집을 비우는 직업을 갖고 있어서, 상담이 별 소용이 없을 것이라는 걸 나는 대화가 끝나기도 전에 알 수 있었다.

나는 그 아이를 늘 곁에 두며 많은 이야기를 나누었다. 마치 자기 자신도 자기를 조절할 수 없겠다는 눈치였다. 문제를 일으키지 않을 때는 한없이 예쁘다. 몇 번 아빠가 학교에 찾아왔다. 그때마다 자꾸 캐물을 수밖에 없었다. 원인이 없는 결과가 어디 있겠는가 싶어서 묻고 또 물었다. 유아 시절의 이야기, 돌봐 준 할머니와 할아버지 이야기 등 다양한 사연을 듣다가 결국 어렵게 꺼낸 아이 어머니의 사연을 들었다.

아이의 어머니는 부모 없이 친척 집에서 자랐고 결혼해서 이 아이를 낳을 때는 남편 없이 시부모님과 함께 살았다고 했다. 외향적인 성격이라 집에서 아이를 보는 일을 특히 힘들어했고 아이를 사랑하는 마음은 가득하지만, 자녀를 어떻게 대하여야 하는지, 어떻게 길러야 하는지를 잘 감당하지는 못했다. 기분에 따라 양육 태도가 바뀌었다. 어떤 일에는 화를 내고 같은 일인데도 어떤 때는 괜찮기도 했다. 손이 먼저 나가 두들겨 팼다가는 안아 주며 엉엉 울었다가 한다고 했다. 쉽게 흥분을 감추지 못하고 과거 우울증 치료를 경험한 적도 있다고 했다.

 아이에게서 보이는 모습도 비슷했다. 갑자기 흥분하고 욱하는 성질을 감당해내지 못한다. 그렇게 행동을 취하고 나면 다시 그 행동을 만회하기 위해 불편한 행동들을 했다. 그러다 다시 폭발했다. 안타까웠다. 그렇다고 이런 사례가 특별한 것은 아니다. 주로 아이의 문제 행동이 부모의 행동에 따라 영향을 받는 것은 당연한 사실이다. 하지만 그런 행동의 과정 동안 이 아이는 나와 관계가 헝클어지고 말았다.

따뜻한 말 한마디는 서너 번을 넘기기 어려웠고 지적하는
말도 쌓이니 원망이 되었다. 나중엔 둘이 머리를 맞대고
연구를 해보기도 했지만 소용없었다. 나의 부족한 지혜로
어찌할 수 없음에 안타까웠다. 시간은 자꾸 흘러갔다.
이 아이와 나의 따뜻한 관계 맺기는 어려운 듯 했지만
독점하듯 나의 시간을 가져갔기 때문에 그래도 아이는
어느 정도 교사와 밀접한 관계가 되었다.
그렇게 한 학기를 보냈다. 그리고 여름 방학을 한다고
아이들을 집으로 보내던 날, 우리는 안아 주기 인사를
하며 헤어짐의 아쉬운 마음을 달랬는데 아이들이 나를 꽉
껴안았다. 그렇게 안은 채 한참 서 있던 아이들도 여럿 있었다.
우리 반 아이들의 꽉 안아 주기와 한참 안아 주기를 받고
나서야, 그제야 나의 등 뒤에 시커멓고 커다란 문제가 보이기
시작했다.
한 아이를 훈육하는 동안 상대적으로 외면 당했던 다른 많은
아이들의 서운한 눈빛이 한꺼번에 몰려왔다.
나는 다른 아이들을 함께 돌아 볼 여력을 갖지 못했고,
늘 문제를 일으키는 그 아이 하나를 품고 고민하느라 바빴다.

어떻게 보면 낭만적이라고 생각했을지도 모른다.

한 마리의 잃어버린 양에 집중했으니. 하지만 잃어버린 한 마리 양의 비유가 과연 옳을까. 이 아이 말고도 잃어버린 양은 많았다. 단지 표현의 정도가 달랐던 것뿐이다.

한 마리 잃어버린 양을 찾아 떠나기 위해서는 나머지 양이 아무 문제없는 듯 무리 속에 안전히 잘 있어야 가능했던 것이다.

때로 우리는 진짜로 잃어버린 아이를 보지 못하기도 한다.

신문에 나왔던 자살한 중학생은 때로 전교 1등도 있고 소심하고 조용했던 아이도 있다. 우리의 눈에 잃어버린 양의 모습이 보인다고 해서 그것이 전부는 아닐 수 있다.

학교 전체에 소문이 파다한 인물. 드디어 '이 아이'가 우리 반으로 왔다. 걱정과 두려움이 앞서기도 하지만 한편으로는 이전보다 좋은 모습으로 변화시켜 보겠다는 자신감과 기대가 생기기도 한다. 그러나 시한폭탄이 터지는 순간, 걱정은 현실이 되고 기대는 물거품이 되고 만다. 이럴 때 교사는 아픔과 분노, 좌절과 절망을 느낀다. 그러하기에 선뜻 이런 아이를 맡아 가르치겠다고 나서는 것은 누구에게라도 쉽지 않다.

교사는 자기가 할 수 있는 최선의 노력을 다하고 있다. "나는 그 아이를 늘 곁에 두며 많은 이야기를 나누었다."라는 말에서 교사가 얼마나 아이의 문제를 끌어안으려고 애썼는지 알 수 있다. 어쩌면 잠시 찾아온 평화가 오히려 불안했을는지 모른다. 결국 다시 문제가 터지고 만다. 아이의 문제를 근본적으로 해결할 수 없는 한계에 직면할 때, 교사는 '나의 부족한 지혜로 어찌할 수 없음에 안타까웠다'라고 고백한다.

참으로 아픈 현실이지만 어려움에 처한 아이 뒤에는 십중팔구 어려움에 처한 가정이 있다. 여리고 여린 아이들이 깨어진 가정 속에서 어떻게 상처를 받지 않을 수 있겠는가? 문제는 가정의 아픔이 가정 안에 머물러 있지 않고 학교 생활로 이어진다는 데에 있다. 가정에서 비롯된 문제를 학교가 떠안아야 하는 현실이 아프다.

이 아이는 선생님의 시간을 독차지하다시피 했다. 그러는 사이 미처 보지 못했던 더 큰 문제가 감추어져 있음을 여름 방학식이 있던 한 학기의 마지막 날이 되어서야 교사는 보게 되었다. 이 아이에 온갖 에너지를 집중하느라 다른 아이들에 대한 관심과 사랑은 계속해서 뒤로 밀려났던 것이다. 이것을 깨닫는 순간 어쩌면 교사는 '이 아이'가 말썽을 피울 때보다 더 큰 좌절감을 맛보았을지도 모른다.

한 명의 아이를 돌보는 데 온갖 신경을 쓰느라 나머지 아이들에게 소홀했던 것이 교사의 잘못일까? 실제로 학교 밖의 시선은 교사에게 비난의 화살을 돌리려는 듯하다. '이 아이'가 내 자녀가 아닌 경우라면 교사에게 서운함을 넘어 불평을 터뜨리고 싶은 심정일지 모른다. 그러나 내 아이만 아니면 괜찮다는 안일한 생각이 이런 비극을 만들고 있지는 않은지 돌아봐야 할 일이다. 결국 내 자녀는 내 관심 밖에 있는 '이 아이'와 더불어 살아가야 한다. 내 아이가 건강하고 좋은 환경에서 자라길 바란다면, 다른 아이들의 문제가 결코 남의 일일 수 없다.

안전한 공간으로서의 교실, 학교, 더 나아가 사회를 만드는 것은 교사만의 몫이 아니다. 그것은 우리 모두가 함께 짊어져야 할 문제다. 가르침과 배움이 온전한 관계가 되려면 교사의 노력만으로 부족하다. 학교는 지지와 신뢰가 필요한 곳이다.

나눔을 위한 질문

교실에서 함께 노래하고 싶은 삶의 희망은 무엇인가?
그 희망을 노래하는 가르침을 주제로 곡의 가사를
쓴다고 했을 때 꼭 넣고 싶은 문장 하나를 적어보자.

Epilogue 내러티브에서 다시 삶으로

교사들이 자신의 삶을 글로 기록하고 그것을 다른 사람들과 공유하는 과정은 새로운 '우리의 이야기'를 만들어 낸다. 내가 쓴 글에 다른 이의 생각과 삶이 어우러질 때, 그 글은 더 이상 나만의 것이 아니다. 이제 우리의 이야기, 공동체의 내러티브로 나아간다. 구체적으로 글을 소리 내어 읽고 거기에 여러 사람의 생각이 곁들여질 때 어떤 일이 일어날까? 이야기한 것을 바탕으로 다시 살아갈 때, 교사와 공동체에는 어떤 변화가 생길까?

글을 공유할 때 일어나는 일

글을 공유할 때, 정확히는 삶을 나눌 때, 글쓴이가 글에 다 담지 못했던 이야기의 배경과 맥락에 대한 이해가 높아지면서 그의 삶에 공감하게 된다. 교사는 교실과 학교라는 공통분모를 가진 사람들이다. 따라서 서로에 대한 공감과 이해가 자연스럽게 일어난다. 글에 나타난 사건이 있기 전 어떤 과정이 있었는지 조금만 이야기해도 그것이 어떤 의미가 있는 일이고, 얼마나 어려운 상황인지 쉽게 알 수 있다. 자기 글을 읽은 교사에게 몇 가지 질문을 던지고 비슷한 경험을 이야기하며 나의 이야기에 너의 이야기를 더해가면서 공감대는 더욱 깊어진다. 물론 글과 생각이 공유될 때 차이가 드러나거나 더욱 분명해지기도 한다.

　　　　교사들은 지역이나 학교에 따라, 교사의 나이나 경력에 따라, 공립과 사립, 그리고 초등과 중등에 따라 같은 말도 다르게 사용하거나 하나의 현상에 대해 다르게 인식하고 있음을 깨닫기도 하였다. 공감하든지 차이를 인정하든지 간에 분명한 것은 서로에 대한 이해가 깊어진다는 것이다.

　　　　재미있는 사실은 하나의 글을 읽고 들었음에도 관심을 끄는 부분은 교사마다 조금씩 다르다는 점이다. 주로 내가 현재 처해 있는 상황과 비슷하거나 관심을 두고 있는 부분이 나오게 되면 귀가 쫑긋해진다. 그리고 비슷한 경험을 이야기하고 그것을 겪으며 들었던 생각을 나누는 동안 글을 쓴 사람과 그것을 듣고 말하는 사람의 마음이 연결된다. 글을 공유할 때, 이렇게 삶과 삶이 이어진다.

때로 교사들은 글을 공유하는 동안 안타깝고 답답한 상황에 깊이 공감하고 어떻게 풀어나가야 할지 모르는 문제로 인해 힘들어하기도 한다. 어떤 경우 위로밖에 할 수 없는 상황에 아파하거나 낙담하기도 한다. 그럼에도 불구하고 글을 읽고 생각을 나누는 동안 이런 상황에서 교사는 어떤 마음을 가져야 하는지 발견하게 된다. 답답한 마음을 토로하는 것만으로도 서로에게 힘이 되고 암울한 상황 속에서도 무언가 깨달음을 얻게 되는 것이 나눔과 공유의 힘이다.

많은 경우, 교사들은 매우 구체적인 실천의 기록으로부터 교육에 대한 진지한 통찰을 발견한다. 그리고 이럴 때 공동체의 힘, 기록과 공유의 희열을 느끼곤 한다. 그저 개인적이고 일상적으로 있었던 일이라도 공동체의 대화 속으로 들어와 이리저리 매만져지면 감추어 있던 의미가 드러난다. 이럴 때 교사는 그 발견에 감탄할 뿐만 아니라 그것에 맞추어 삶의 궤도를 일부 수정하기도 한다.

이 외에도 함께 읽은 책의 내용이 삶 속에서 재확인되는 경험도 하고 지난 모임에서 나누었던 생각을 토대로 이번 모임에 오기까지 개인적인 삶에서 어떻게 실천했는지를 나누기도 한다. 의도적으로 글을 쓰고, 의도적으로 읽는 것이 갖는 힘을 발견할 때도 있다.

이렇게 작은 규모의 모임에서 자신이 써 온 글을 소리 내어 읽고 그에 대한 서로의 생각을 나눌 때 다양한 일이 벌어진다. 그러나 지금까지 이야기한 여러 일은 단편에 불과하다. 공유가 갖는 힘을 몸소 체험하기 위해서는 직접 글을 쓰고 나누는 길밖에 없다. 분명한 것은 예상을 뛰어넘는 값진 경험을 할 수 있다는 것이다.

각자 써 온 글을 소리 내어 읽고 그에 대한 서로의 생각을 나눌 때 나는 가슴이 뜨거워지는 일을 여러 번 겪었다. 그리고 이런 경험은 나만의 것이 아니었다. 삶의 기록을 공유한 한 선생님은 다음과 같은 소감으로 당시 자리에 함께한 교사들의 마음을 잘 대변해 주었다.

· · · · ·

"실천의 이야기 글 속에 섬김과 미안함과 사랑이 담겨 있었습니다.

나눔이 깊어질수록 힘이 났습니다.

놀라운 만남이었습니다.

함께한 시간들이 쌓여서이지 않을까 생각이 듭니다.

헌신과 열정을 배워갑니다."

· · · · ·

기록과 공유가 가져온 공동체의 변화

교사가 교실의 크고 작은 일상을 글로 남기고 그 글을 다른 교사들과 공유함으로써 교실이 금세 바뀐다면 얼마나 좋겠냐마는 안타깝게도 그런 일은 일어나지 않는다. 말을 듣지 않는 아이는 여전히 교실 안팎을 들썩거리며 활보하고, 쌓여 있는 온갖 업무는 여전히 교사의 손을 기다린다. 아이들 간의 갈등, 학부모의 민원, 동료 교사와의 관계의 어려움 등도 여전히 그대로다.

교사를 둘러싼 상황과 환경은 여전히 녹록지 않지만 '기록하기와 공유하기'가 만들어 낸 작은 변화는 우선 교사의 내면에서 시작된다. 이러한 개인적 차원의 변화와 더불어 교사 공동체에도 중요한 변화가 생겼다.

무엇보다도 계속해서 글을 쓰는 교사들이 있다는 점을 이야기하지 않을 수 없다. 교사 공동체에서 공동체 차원의 글쓰기는 1년 반의 기간을 끝으로 마무리되었다. 그러나 그 이후로도 자신의 가르침과 삶의 경험을 글로 기록하는 교사들의 글쓰기는 여전히 지속되고 있다. 공동체에서 함께 실천하기 이전부터 자신의 모든 수업에 대한 기록을 글로 남겨온 어떤 선생님은 지금도 여전히 그 일을 계속하고 있다. 이전에는 그렇게 하지 않았지만 공동체를 통해 기록을 시작하게 된 다른 선생님 역시 지금까지 계속해서 수업 경험을 글로 남기고 있다. 또한 지역의 소모임은 수업 일지 쓰기를 주제로 운영되고 있다. 이렇게 기록과 공유의 가치를 맛본 교사들에게 글쓰기는 습관으로 자리 잡고 있다.

공동체에서 함께 실천했던 경험을 바탕으로, 한 선생님은 자신이 속한 학교에서 일부 동료 교사들과 함께 '기록과 공유'를 위한 모임을 만들어 운영하기도 했다. 6학년 부장을 맡게 되면서 동학년 교사 중 마음을 같이 하는 몇몇 선생님들과 함께 일상의 기록을 남기고, 정기적으로 모여 그 글을 읽으며 삶을 공유하게 된 것이다. 심지어 이들은 동학년을 하는 1년 동안 기록하고 나누었던 글들을 묶어 작은 책으로 출판하기도 했다. 이 일을 주도한 교사를 제외하면 교사 공동체와 전혀 상관이 없는 교사들이었지만 이들은 '기록과 공유'가 갖는 의미와 힘을 그 누구보다도 더 잘 이해하고 있었다.

무엇보다도 공동체에 나타난 변화 가운데 가장 주목해야 할 부분은 '교사의 배움과 학습'에 대한 생각의 변화에 있다. 교사가 가장 효과적으로 배울 수 있는 방법은 무엇일까? 공동체 모임을 거듭하며 이들이 발견한 것은 '서로, 작게, 오래' 배워야 한다는 사실이었다. 가장 대표적인 교사 교육 방법의 하나인 '연수'는 그간 불특정 다수의 사람을 모아 놓고 한 명의 강사를 앞에 세워 일회적이거나 단기간의 행사로 진행되어왔다. 그러나 교사들은 일방적인 가르침이 아니라 서로 가르치고 배울 때 보다 의미 있는 배움이 일어난다는 사실을 깊이 깨달았다. 또한 한 번에 또는 단기간에 전달하고 끝날 것이 아니라 오랜 시간에 걸쳐 만남을 지속해 가야 한다는 점도 알게 되었다. 내러티브 탐구의 입장에서 달리 표현하자면 교사는 계속해서 이야기하고, 살아가고, 다시 이야기하고, 다시 살아가야 한다. 이렇게 상호 간의 가르침과 배움이 오래 지속되기 위해서 모임의 규모는 작을수록 좋다. 대규모의 연수와 일방적인 전달, 한 번 만나서 전하고 흩어지는 방법으로는 배움이 제대로 일어나지 않는다. 교사는 '서로, 작게, 오래' 배움으로써 성장한다.

'삶을 말하고 기록하다'라는 주제 아래 이어져 온 교육실천네트워크 모임은 이제 모두 아홉 개의 지역별, 주제별 소모임으로 발전하여 연대와 협력을 이어가고 있다. 공동체를 이루는 소모임 중에서 매우 의미 있는 변화 중 하나는 다른 모임들과 성격을 달리 하는 '연구소'의 출발이라고 할 수 있다. 교사 공동체를 주도해 온 몇몇 교사들에 의해 '교육실천이음연구소'가 시작되었다. 이 연구소는 나머지 여덟 개의 지역별, 주제별 소모임을 포함하여 교사들의 실천과 연구를 지원하기 위해 현직 교사들이 자발적으로 설립한 연구소이다. 지난 한 해, 교육실천이음연구소는 『월간 이음』이라는 소식지를 발간하여 교사들의 글을 꾸준히 모으고 공유해 왔다. 또한 매년 8월 열리던 교육실천아카데미를 일회적인 모임에서 지속적인 교사 연수의 형태로 확장하여 연간 프로그램으로 운영하고 있다. 이렇듯 교육실천이음연구소는 '기록하기와 공유하기', '서로, 작게, 오래' 배우는 교사들의 구심점 역할을 든든히 수행하고 있다.

그 동안 나는 교사 공동체에 속한 교사들과 자신의 삶을 기록하고 그것을 동료 교사와 공유하는 일에 매진해 왔다. 그 과정에서 공동체의 선생님들께 여러 번 글쓰기 과제를 드려야 했다. 그리고 나 역시 내게 가장 잘 어울리는 방법으로 '기록하기'를 실천했다. 어느 무더운 여름 날, 기와를 얹은 멋진 초등학교의 도서실에서 교사 공동체와 약속한 마지막 강의를 마친 뒤, 지나온 시간을 정리하여 다음과 같이 글로 남겼다.

"긴 여정에 드디어 마침표를 찍었다.
「삶을 말하고 기록하다」라는 주제 아래 공동체 선생님들과 함께 걸어온 길을 가만히 짚어 보다가, 생각 없이, 거침없이, 때론 뜻 모르고, 던졌던 말과 생각들이 신기하게도 마지막 시간에 하나로 꿰어졌다.

교사와 내러티브, 내러티브 탐구, 질적 연구의 분석과 해석,
읽고 쓰기, 마지막 하버마스에 관한 이야기에 이르기까지.
방향도 색깔도 다른 무수한 이야기를 나누었지만
결국 핵심은 쓰고, 읽고, 이야기하고, 살아가며 우리의
이야기를 만들어 가는 것이었다.

선생님들은 각자의 삶이 담긴 짧은 글을 쓰고, 다른 사람들과
소리 내어 그 글을 읽고, 들은 이들은 글에 대해 질문하고,
서로의 생각을 나누고, 다음에 다시 만날 때까지 그저 묵묵히
일상을 살아냈다. 그게 전부였다.

교사와 텍스트는 불가분의 관계에 있다. 교과서, 교육과정
문서, 연수 교재, 책, 공문 등등. 그런데 이들 텍스트의
공통점은 다른 누군가 '만들어 손에 쥐여 준' 것들이다.
이와 달리 이번 모임의 핵심은 텍스트를 만든 주체가 바로
교사 자신이라는 데에 있었다.

텍스트의 소비자에서 텍스트 생산자로 위상이 바뀌자 연수와
연구의 힘은 비교할 수 없을 만큼 달라졌다.
글의 힘은 삶에서 나왔고, 삶이 곧 글이었다.

클란디닌과 코넬리를 읽으며 참 좋은 연구지만 '뭔가 한 가지 빠진 것 같은데' 했던 공허함의 비밀이 풀리는 순간이었다. 그들 말대로 교사는 이야기하고 살아가고, 다시 이야기하고 살아가는, '말과 삶의 반복과 순환'을 통해 분명히 성장해간다. 그러나 그들은 이야기의 텍스트를 교사 스스로 생산해 낼 때 어떤 일이 벌어지는가에 대해서는 주목하지 않았다. 나는 이번에 텍스트 생산자로서 교사의 내러티브가 갖는 실천적이며 실존적인 힘을 경험했다.

선생님들은 각자 쓴 글을 읽고 나누며 교사로서 짊어진 책임에 감사하기도, 두려워하기도, 아파하기도 했다. 어쨌든 그 과정에는 늘 배움이 있었다. 학생들과 학부모와 다른 선생님들과 맺는 관계는 그 배움의 터전이 되었다. 그리고 우리는 공동체로 함께 있음에 안도하고 감사했다.

텍스트 생산자인 교사들이 만들어 낸 글이 예비 교사들을 길러내기 위한 교육과정 아니면 현직 교사 교육을 위한 연수의 일부가 될 수 있을까? 그래도 되는 걸까? 대체까지는 아니더라도 보완은 가능하지 않을까? 그래야 하지 않을까? 그러려면 어떻게 해야 할까?

적게는 20명에서 많게는 60명이 넘는 선생님들이 함께 만들어 온 이야기가 우리만의 이야기에 그치지 않고 더 많은 선생님들과 공유되고 확산 되려면 어떻게 해야 할까? 우리는 우리의 이야기를 다음 세대에 어떻게 전수할 수 있을까? 앞으로 해야 할 과제가 이미 내 앞에 주어져 있다. 함께 걸어온 이 길을 묵묵히 계속 걸어갈 것이다."

교사가 더불어 연구하고, 실천하며, 살아갈 때, 그들의 고유한 내러티브가 만들어지기 시작한다. 기록과 공유를 중심으로 한 모임이 거듭될수록 그 내러티브는 두터워지고, 깊어지며, 넓어진다. 이렇게 '우리의 이야기', '교사들의 내러티브'가 만들어진다. 흩어져 있던 글들을 한데 모으고 글을 중심으로 함께 만들어 온 이야기를 이 책에 기록함으로써 이제 다음 세대로 그 이야기를 이어가기 위한 최소한의 준비가 되었다.

이제 함께 할수록 빛나는 교사들의 이야기, 그 여정의 끝에 다다랐다. 제러미 벡비Jeremy Begbie는 2001년 미국 캘리포니아에서 있었던 〈베리타스 포럼〉에서 '결말의 의미the sense of an ending'라는 제목으로 '이야기의 결말이 갖는 중요성'에 대해 이야기한 적이 있다. 그에 따르면 소설의 결말은 이야기 전체에 통일성을 가져다주는 역할을 한다. 그리고 이야기에 담긴 수많은 사건의 가닥을 한 곳으로 모은다. 이렇게 이야기 속에 담긴 여러 사건들을 조화롭게 마무리함으로써 결국 대단원의 막이 내린다. 마찬가지로 단편적인 사건들로 가득한 것처럼 보이는 인류의 역사를 제대로 이해하기 위해서 우리는 그것을 결말에 의해 통합되는 이야기로 '읽어 내야' 한다. 이야기 전체를 하나로 묶는 것이 결말의 역할이자 의미다.

지금까지 우리는 교사들의 가르침과 배움의 여정을 그들이 함께 만들어 온 이야기, 교사의 내러티브로 읽어 내고자 하였다. 그러나 이 내러티브는 아직 완성되지 않은, 현재 진행형의 이야기다. 거기에는 조화로움과 연합이 있는가 하면 원치 않는 어려움과 갈등도 있다. 그러나 시간이 많이 흐른 뒤, 이 내러티브의 끝에 이르렀을 때 비로소 모든 일들이 하나의 이야기로 꿰어질 것이다.

교사로서 우리의 삶도 다르지 않다. 지금 나에게 벌어지는 일들은 따로 떼어놓고 보면 어떤 의미인지 잘 드러나지 않는다. 내 삶의 이야기가 결말에 다다랐을 때 비로소 모든 사건이 제자리를 찾아가고 온전한 의미를 갖게 될 것이다. 나의 삶의 이야기는 결말에 이르러 모든 의미가 분명히 드러난다. 따라서 이야기의 끝에 이르기 전까지는 그 누구도 지금 내게 벌어진 일의 진정한 의미를 다 알 수 없다. 결말에 이르렀을 때 교사의 삶에 있었던 모든 순간이 제자리를 찾아갈 것이다. 때로는 힘들고 어렵지만 가르침과 배움의 길을 걸어가는 교사의 삶은 그래서 가치 있고 아름답다. 그 삶은 함께 할수록 빛이 난다.

교사, 함께 할수록 빛나는.

글이 살다,
그리 살다

참고문헌

강영안(2005). 타인의 얼굴: 레비나스의 철학. 서울: 문학과지성사.
김혁동 · 윤상준 · 이동배 · 임재일 · 주주자 · 최경철 · 황현정(2017). 교사학습공동체. 서울: 즐거운학교.
서경혜(2016). 교사학습공동체: 집단전문성 개발을 위한 한 접근. 서울: 학지사.
송순재(2017). 코르착 읽기. 장수: 내일을여는책.
Arendt, H. (1963). 예루살렘의 아이히만: 악의 평범성에 대한 보고서 (김선욱 역, 2016). 파주: 한길사.
Bakhtin, M. (1979). 말의 미학 (김희숙 · 박종소 공역, 2006). 서울: 도서출판 길.
Begbie, J. (2001). 종말의 의미. 달라스 윌라드(편). 세상이 묻고 진리가 답하다: 하버드에서 시작해 미국 전역을 뒤흔든 최고의 명강의들 (최효은 역, 2011). 서울: IVP.
Clandinin, J., & Connelly, M.(2000). *Narrative inquiry: Experience and story in qualitative research*. San Francisco, CA: Jossey-Bass Publishers.
Goheen, M., & Batholomew, C. (2008). 세계관은 이야기다 (윤종석 역, 2011). 서울: IVP.
Levinas, E. (1996). 시간과 타자 (강영안 역, 2001). 서울: 문예출판사.
MacIntyre, A. (1981). 덕의 상실 (이진우 역, 1997). 서울: 문예출판사.
Noddings, N. (1984). *Caring: A feminine approach to ethics and moral education*. Berkeley, CA: University of California Press.
Palmer, P. (1998). 가르칠 수 있는 용기 (이종인 · 이은정 공역, 2016). 서울: 한문화.
Polkinghorne, D. E.(1998). *Narrative knowing and the human sciences*. Albany, NY: State University of New York Press.
Preire, P. (1968). 페다고지 (남경태 역, 2002). 서울: 그린비.
Schön, D. (1983). *The reflective practitioner: How professionals think in action*. Aldershot: Ashgate Publishing.
van Manen, M. (2002). '가르친다는 것'의 의미 (정광순 · 김선영 공역, 2012). 서울: 학지사.
Vygotsky, L. (1986). *Thought and language* (A. Kozulin, Trans.). Cambridge, MA: MIT Press.
Wenger, E. (1998). 실천공동체 (손민호 · 배을규 공역, 2017). 서울: 학지사.